Aprender a vivir bien en la Tierra con la

magia

del número

7

Arlette Rothhirsch

LAS ENSEÑANZAS DE MIS GUÍAS

encuentro

EL LIBRO MUERE CUANDO LO FOTOCOPIAN

Título de la obra: *Aprender a vivir bien en la Tierra con la magia del número 7*

COORDINACIÓN EDITORIAL: Gilda Moreno Manzur
DIAGRAMACIÓN: Ivette Ordóñez
DISEÑO DE PORTADA: Matilde Schoenfeld
Imagen de portada basada en la fotografía
de Jcsphoto | Dreamstime.com

© 2013 Editorial Pax México, Librería Carlos Cesarman, S.A.

Av. Cuauhtémoc 1430
Col. Santa Cruz Atoyac
México DF 03310
Tel. 5605 7677
Fax 5605 7600
www.editorialpax.com

Primera edición
ISBN 978-607-7723-39-4
Reservados todos los derechos
Impreso en México / *Printed in Mexico*

A Jorge

En la vida actual, después de cada periodo de siete años que estamos juntos, hemos realizado el balance de lo aprendido y de lo entendido, pronto será de lo trascendido. Por siempre contigo....

Mi agradecimiento para todos los seres materiales y sutiles que me han acompañado en la realización de este libro mágico. En especial al Guía, a Mina y a Cristián.

ÍNDICE

Introducción

**El 7 es un número
de estabilidad
y de florecimiento**

DE CÓMO HACER DE LO COTIDIANO ALGO EXTRAORDINARIO

Deseo comenzar este libro recordando por qué se le atribuye el adjetivo de "mágico" al número 7.

Si en este momento nos preguntáramos lo que este número significa para cada uno de nosotros, las respuestas serían múltiples y muy variadas. Algunos dirían que representa los colores del arcoiris, los días de la semana, el número de su destino o los ciclos importantes de crecimiento. Otros más comentarían ciertos modelos de organización en algunos lugares de la Tierra, que se consideran especiales o energéticos por sus siete colinas, siete iglesias, siete cerros, siete barrancas o siete maravillas del mundo. Algunos más recordarían los centros energéticos del cuerpo humano (chakras) o los años que suman o terminan en este mismo número. Lo cierto es que a lo largo de la historia el 7 ha determinado muchos de los movimientos sociales, políticos y económicos cotidianos de la humanidad.

Lo que revisaremos es que con este número nos relacionamos con nosotros mismos y con la información universal. El 7 reúne al ser humano con el Cosmos, por lo que es importante entender la integración del hombre con su entorno físico, mental, emocional y espiritual. Crecemos y nos desarrollamos gracias a que nuestra concepción del mundo nos enseña a vivir, a enfermarnos, a recibir lo que queremos aprender y a vivir lo que decidimos en cada una de nuestras vidas. En resumen, la percepción del mundo no es otra cosa que el ejercicio a plenitud del libre albedrío.

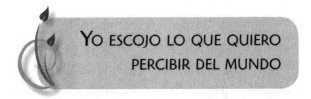

YO ESCOJO LO QUE QUIERO PERCIBIR DEL MUNDO

Veamos, como ejemplo, lo que sucede en una reunión de varios amigos; cada uno tendrá una concepción diferente del mismo acontecimiento.

El primero se aburrió porque esperaba algo diferente de esa reunión; el segundo se sintió feliz porque encontró al amor de su vida; el tercero estaba muy cansado, se durmió y, por tanto, nada recuerda; al cuarto no le gustaron los bocadillos; el quinto se reencontró con alguien a quien hace mucho tiempo no veía y no sintió pasar el tiempo por lo mucho que platicaron; el sexto arregló varios negocios pendientes, y el séptimo se divirtió poniendo la música, cantando y bailando toda la noche...

Cada reunión que se realiza en el mundo se vive, observa y recuerda de manera diferente, y esto se debe a que lo que percibimos parte únicamente de una decisión: de todo lo que sucede a mi alrededor, yo decido qué quiero recordar y qué no, qué me gusta y qué no, qué conservo y qué desecho. Este tipo de decisiones nos conforman y, por consiguiente, de nosotros depende también el decidir enfermarnos o no de algo, o parecernos o no a nuestros padres y, finalmente, elegir quiénes queremos ser. Percibimos el mundo ejerciendo nuestro libre albedrío.

El libre albedrío es la capacidad de decidir lo que tú quieres o lo que tú crees que quieres en esta vida. No es imponer tu voluntad impunemente, sino la posibilidad de ejercerte en plenitud. Si entiendes este principio, difícilmente harás algo que te lastime y, en consecuencia, tampoco dañarás a los demás.

Contestemos ahora las siguientes preguntas:

- ¿Cómo aprendemos a percibir la realidad?
- ¿Por qué la percibimos de esta manera?
- ¿Por qué elegimos?

Como seres humanos no podemos aventurarnos a observar el todo porque es incomprensible, avasallador e inasible; de tal forma, para acercarnos a él, necesitamos dividir y fraccionar esa realidad para tener una cosmovisión diferente y más sencilla. Así empezamos a entender lo que nos rodea y logramos percibir más cómodamente nuestro mundo. Sin embargo, para lograrlo, el hombre necesita partir de algo que conoce de manera intuitiva y que tiene que ver con su propia estructura. Recordemos que ésta se conforma en un principio de siete centros energéticos principales (también llamados chakras), de siete cuerpos (uno físico y seis sutiles) y, sobre todo, de siete sentidos (cinco terrestres, gracias a los cuales ve, escucha, huele, toca, saborea y, al fin y al cabo, reconoce la naturaleza, y dos extrasensoriales con los cuales percibe e intuye al Universo). A partir de esta división estructural, el ser humano organiza el resto del mundo.

Es en este momento que el 7 empieza a ser *mágico*, ya que explica de alguna manera la estructura de lo que se encuentra en la naturaleza.

Quien sabe observar lo que le rodea llega a tener un mejor contacto con la cotidianidad, con su entorno, con los seres que le acompañan y, en particular, consigo mismo. Cabe aclarar que no es necesario darle a este número una importancia excesiva u obsesiva, pero tampoco debemos atrevernos a no observar su participación y dejarlo en el olvido. Como todo en la Tierra, la relación de equilibrio con nosotros y el entorno nos hace entender que vivir la vida día a día, sin tomar parte activa en ella, en realidad no es lo óptimo.

> Caminar por el justo medio es un camino
> de libertad hacia la plenitud del ser humano.
> Es un camino de enseñanza libre de dolor y de pena.

Para estar frente a nosotros, la magia necesita ser trabajada, entendida, asumida e incorporada al quehacer diario.

La **parte 1** de este libro la escribí a manera de un viaje a través de los sentidos. No podemos soslayar su importancia para ubicarnos en nuestro entorno: el olfato, la vista, el gusto, el tacto y el oído constituyen la forma de aprender a percibir el mundo tangible y por fin entender quiénes somos. Con los sentidos más sutiles percibimos lo no tangible, lo no audible y lo no visible. Gracias a ellos logramos establecer contacto con lo que se ha hecho en otras vidas o lo que se puede llegar a hacer, y la manera en que nuestros actos repercuten en el universo.

El siguiente paso, después de revisar los elementos básicos de nuestro entorno, es descubrir cómo está formada nuestra estructura. Por tanto, estudiamos los siete centros energéticos, su relación con los cuatro elementos de la naturaleza, así como sus funciones y padecimientos básicos para desde ahí conectarnos con los siete cuerpos que nos conforman, la información que resguardan y sus posibilidades de desarrollo.

La vida en la Tierra sería un sinsentido si no nos diéramos cuenta de que la función real del ser humano es lograr aprender a ser responsables de nuestros actos o, dicho de otra manera, a crecer en conciencia. Éste es un tema importante dado que se observa que progresar en los diferentes niveles de conciencia equivale directamente no sólo a recuperar la salud sino, más bien, a no perderla. Es por eso que a estos siete niveles de conciencia los llamo niveles de salud, mismos que analizo en la **parte 2**. Cada uno de ellos determina una manera diferente de enfrentar la existencia y de desarrollar a plenitud las múltiples capacidades y dones que todos tenemos.

Es necesario vislumbrar que todas estas cualidades no pueden cristalizar si no nutrimos adecuadamente tanto nuestro cuerpo físico como los sutiles, por lo que en la **parte 3** prosigo nuestro viaje de conocimiento, al estudiar cómo alimentarnos de forma óptima para llevar a cabo las funciones cotidianas y no caer irremisiblemente en alguno de los siete grupos de enfermedades que aquejan a nuestros semejantes...

Pero eso será motivo de un próximo viaje de conocimiento en el cual nos percataremos de que sería muy deprimente pensar que siempre, a lo largo de sus vidas, el ser humano vivirá acompañado de enfermedades, padecimientos, dolores y tristezas. Por consiguiente, en la siguiente entrega revisaremos tanto las enfermedades como las medicinas universales que las corrigen para seguir abriendo las posibilidades de recuperar el equilibrio, mejorar la cotidianidad y el crecimiento de conciencia, así como profundizaremos en lo que estudiamos en este libro.

Como siempre, te deseo lo mejor en tu viaje de conocimiento para que logres *hacer mágica tu vida.*

ARLETTE

TEPOZTLÁN, MÉXICO

Parte 1

Siete maneras de percibir el mundo

Introducción

En esta parte 1 iniciamos el viaje a través de los sentidos al hablar de las estructuras del Universo y de cómo podemos percibirlas.

La percepción del mundo es lo que nos hace únicos y originales. Dos hijos de un mismo matrimonio, educados y crecidos en el mismo ambiente, tendrán dos maneras diferentes de ver el mundo porque es nuestra concepción de la vida lo que es único, irrepetible y original.

El Universo está formado por muchos de los componentes que después son parte de los seres humanos, pero que están ligados de tal manera que no puede ocurrir desarrollo alguno sin la intervención de todos los elementos. Por ejemplo, los seres humanos desarrollan la vista porque la arquitectura del Universo desarrolla formas para ser vistas. Desarrollan el oído porque la arquitectura del Cosmos está hecha de sonidos y así sucesivamente, texturas, luces, formas, sonidos, sabores, son parte de la arquitectura de ese mundo.

La arquitectura del Universo es perfecta y se constituye de diferentes formas, experiencias y virtudes. Una acción tiene una repercusión en luz, sonido, forma, sentimientos, emociones y vibraciones; estas estructuras son energéticas, el hombre observa con un telescopio las consecuencias de sus actos y con el alma contempla su propio origen.

La siguiente figura es considerada en muchas culturas como la base de la estructuración del Universo:

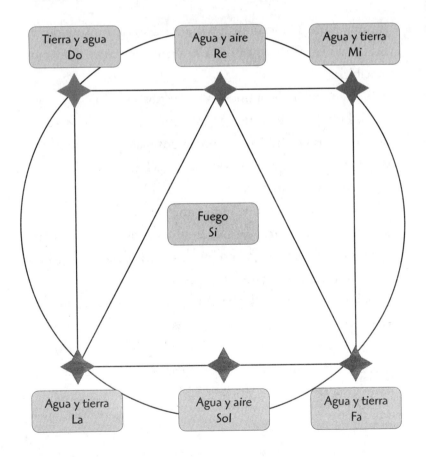

En ella, el círculo es la representación del Universo, el cuadrado es la representación de la Tierra y el triángulo es la representación de lo divino.

Es a partir de estos tres elementos primarios que todas las formas básicas y las no básicas saldrán del Cosmos. Cada vértice y cada punto de unión de las figuras constituye el origen de una estrella. Esta última es el principio del todo, y al ser además una vibración, emite un sonido. Cada uno de estos sonidos forma notas. Así, las notas básicas representan las formas básicas. En este caso, podemos hablar de los elementos de la naturaleza que son el origen, lo elemental, lo esencial. Desde allí se deriva cada acción humana, cada acción divina, cada acción espiritual o cada acción que al tocar el Cosmos crea derivaciones de lo elemental; por ende, ese es el comienzo y la finalidad de la variedad que le da a la existencia del Cosmos la belleza universal: colores en la luz, virtudes o ángeles que se desprenden de los cuatro elementos (Tierra, Agua, Fuego y Aire).

Si alguna arista de una estructura toca cualquier arista de otra estructura se forma un sonido, virtud o ángel, acompañado de una luz, aroma, sensación o emoción; éste es el principio de la conformación de los seres humanos.

A partir de este círculo, del cuadrado y del triángulo pueden obtenerse múltiples formas geométricas, por ejemplo, el pentágono o el rombo, y cada uno de sus vértices formará un destello luminoso, una virtud, un sonido, una textura o un aroma.

La mayoría de estas estructuras, de estos vértices, se forman como consecuencia de acciones humanas, por eso es tan importante la vida en la Tierra. Lo que le da al humano el poder de creación, que es en realidad desconocido para la mayoría, pero que lo hace llegar –aunque a veces sea con gran lentitud– a un grado de iluminación o de sabiduría especial en donde vuelve a conectarse con el Universo como un todo.

Evidentemente esto habla de una enorme diversidad en el Cosmos y, además, hace resaltar una noción de la complejidad de nuestro interior como seres humanos. En resumen, podemos decir que ésta es la esencia de la estructura del mundo, de la creación y de las almas.

Entendiendo el 7 como un número mágico en el Universo, hablamos de siete colores y de siete notas. Esas siete notas, esos siete colores, implicarían evidentemente las bases de la luz y del sonido. A eso corresponderían siete texturas, siete sabores y, por tanto, siete maneras de percibir el mundo y quiénes somos en nuestro interior, de qué nos hemos formado y qué parte de nosotros vibra en el Infinito.

Capítulo 1
Aromas

El aroma que percibimos y la manera en
que llega a nuestro ser son ajenos a la mente
y a la razón. Los olores, al igual que los
sonidos, inciden en la parte inconsciente del ser
humano y con ello desarrollan mayormente las
facultades de intuición y de proceso
de información intelectual.
Los olores percibidos desde nuestra infancia,
o los que nos traen recuerdos, además
de formar parte de nuestra memoria,
definen nuestra manera de ver el mundo,
de ahí la importancia de su existencia
en el desarrollo de la humanidad.

 LOS 7 AROMAS

Aromas	Función
Floral	Armoniza y despierta la vida en la humanidad
Sublime	Abre los sentidos, la percepción y la videncia
Frutal	Abre la necesidad de amor en las personas
Vegetal	Recuerda la humildad y la capacidad creadora del ser humano
Marino	Pone de acuerdo las ideas y las voluntades
Fétido	Lleva a pensar en lo que nos hemos negado a nosotros mismos, que muchas veces incluye la vida o nos acerca a numerosas formas de muerte
De madera	Recuerda al individuo sus raíces y las raíces de su alma

Aromas de flores

Los aromas florales tienen como función principal armonizar y despertar las necesidades vitales en los seres humanos. Despertar la vida en una persona puede tener muchas consecuencias, una de ellas es que las mujeres queden embarazadas o se despierte la necesidad de la maternidad o la paternidad. Otra consecuencia puede ser despertar las ideas que harán que los humanos sean más felices, o germinar vida en general (intelectual, amorosa, etcétera).

Los aromas también ayudan a resolver positivamente emociones como el rencor. El perdón y los aromas de flores que según los humanos a nada huelen, como el pensamiento o la margarita, hacen que los individuos aprendan a perdonar. Las margaritas son flores de amistad que nos recuerdan que todos los seres pueden estar unidos en un solo centro. Las flores conocidas como pensamientos reúnen a su vez colores que por lo general jamás estarían juntos, por eso son flores que ayudan a pensar de una manera distinta acerca de las relaciones entre las personas.

La mejor terapia para un enfermo siempre es estar cerca de las flores o bien tenerlas en casa; sin embargo, en ocasiones se prohíbe su presencia en lugares como los hospitales. Lo primero que sugiero siempre es mandar flores a los seres adoloridos para que de alguna manera éstas les recuerden la belleza de la vida.

Las flores se usan para celebrar la vida, para reconciliarse con sus formas y contradicciones, para recordar que la diversidad es belleza y que la vida puede ser diversa.

Estos aromas florales pueden ayudar a establecer contactos y tal vez a resolver problemas de vidas pasadas, o bien a apoyar el camino a la siguiente reencarnación o transformación para que llegue a ser distinta o mejor. Por eso es muy importante llevar flores a los seres recientemente fallecidos para que logren conectarse con emociones más puras y puedan proseguir su camino con mayor comodidad. Todas las flores tienen un significado. Veamos algunos ejemplos. Las camelias y las rosas son flores de resurrección, sus perfumes son muy delicados y muy apreciados. Las camelias, las rosas, las gardenias y todas las que son un capullo abierto, son flores amorosas que emanan fragancias no siempre registradas por el olfato de un humano pero que ayudan a la esencia de un ser a escoger el mejor camino para su renacimiento. El ave del paraíso es una flor que quiso convertirse en pájaro, por lo que es muy eficiente para estimular el crecimiento del alma. No hay flor, por pequeña o humilde que sea, que no sea benéfica para el ser humano. Los dientes de león son angélicas, porque como los ángeles tienen por función ser quienes entreguen información y elementos para la creación de la vida.[1] Todo lo que sean aromas de musgos o helechos ayudan al pensamiento del ser humano, a desarrollar sus ideas y su capacidad de conocimiento.

[1] Para mayor información sobre flores, formas y ángeles que les corresponden véase *La respuesta del Universo, el despertar de tu interior a la energía que te rodea*, A. Rothhirsch, Editorial Pax México, 2010.

SIETE TIPOS DIFERENTES DE PLANTAS CURATIVAS

El siguiente cuadro nos muestra de manera sintética los siete tipos de plantas y flores que ayudan al ser humano en su proceso de aprendizaje en el mundo, así como las virtudes que de ellas emanan, con las que podemos entrar en contacto si las tenemos cerca de nosotros y aprendemos a percibirlas o aprovecharlas a plenitud.

LOS 7 TIPOS DE PLANTAS CURATIVAS

Tipo	Características	Virtud
Musgos y líquenes	Todo aquello que crece no hacia al cielo sino pegado a la tierra.	La humildad
Arbustos y plantas verdes	Todo aquello que alcanza la altura de las piernas de las personas	La luz

Tipo	Características	Virtud
Margaritas, margaritones y girasoles	Todas las flores que muestran su centro	Purificación
Rosas, y flores que no presentan su centro	Protegen su alma. Guardan la sabiduría que enseñan	Educación
Campánulas	Todas aquellas que no crecen hacia el sol, sino hacia la tierra, es decir, agradecen a la tierra y recogen su energía más que la mayoría de las flores	Gratitud
Árboles florales y frutales	Todos aquellos que son capaces de crear alimentos para animales y hombres	Creatividad
Árboles sin flores	Integran a la tierra con los demás elementos	Integridad

AROMAS DE MADERAS

La madera está en la Tierra, para recordar al humano sus raíces y los orígenes de su alma.

Maderas como el sándalo, que esencialmente se usan para unificar el ser del individuo con su interior, es decir, con lo que es su raíz más primaria, despiertan su instinto y propician un mayor acercamiento con su inteligencia emocional, que es la más importante en los seres humanos y la que ayuda a contactar con los deseos reales.

Cualquier corteza o madera emana olores, y muchos de ellos no pueden ser percibidos por el humano; entre ellos hay una variedad de pinos que ayuda a percibir la sensación de protección y edificación de la estructura del individuo. Si, por ejemplo, alguien padece alguna enfermedad de huesos, se sentirá siempre mejor cerca de alguna pinácea o si tiene la posibilidad de percibir alguna esencia de este tipo de árboles.

Por otro lado, los cedros y las caobas son maderas que desprenden sabiduría. Son maderas antiguas que tienen una enorme conciencia del saber anterior a ellas; por eso son resinosas, es decir, contienen más savia que otras. La caoba y el cedro son maderas que sirven para ampliar el intelecto de las personas.

Tener madera en casa nos ofrece una cercanía mayor con nuestro ser instintivo o nuestro ser interior y nos ayuda a estar más anclados a la tierra, lo que contribuye de manera importante a facilitar el quehacer cotidiano. Además, despierta las facultades mentales ya que los olores, al igual que los sonidos, penetran en la parte inconsciente del humano y con ello desarrollan plenamente sus facultades, tanto las intuitivas como las del proceso de formación e información intelectual.

Las maderas y el aroma que emanan han sido acompañantes de la historia de la humanidad; se han usado de muchas formas, incluso para la destrucción o la guerra. Por ello, es importante tomar en cuenta que al emplearlas de manera negativa, pierden toda propiedad curativa.

Cabe aclarar que la madera también llega a perder sus propiedades cuando se pinta. De preferencia, nada debe cubrirla a menos que sea para protegerla. Las lacas excesivamente artificiales no permiten que la energía de la madera fluya con facilidad. Lo peor es cubrirlas con materiales sintéticos ya que pierden todas sus cualidades y se limita la energía que pueden emanar. Por consiguiente, lo mejor es mantenerlas sólo con una capa de barniz de protección.

En resumen, cualquier persona que tenga problemas para contactar con su ser interior encontrará en los aromas de maderas un gran apoyo para encontrarse, reconocer en sí misma la virtud de la humildad y organizar su vida diaria.

El olor de madera, los perfumes de madera y en particular los que se desprenden cuando se sahúman en un incensario resinas como el copal, ayudan a las personas enfermas a tomar conciencia de su estancia en la Tierra y les facilitan la vida cotidiana; esto es, la gente empieza a sentirse más apegada a su vida diaria y de esa manera recupera la conciencia de su ser y de su estar en el mundo. Ejemplo de ello son las personas en estado de coma que al percibir estos aromas de madera toman la mejor decisión para resolver ese estado latente y no deseable para nadie (ni para su familia, ni para ellas mismas): si quieren irse, pueden elegir esa opción, pero si por el contrario desean quedarse para proseguir su crecimiento, el percibir estos aromas les ayuda a emprender el camino de regreso. Como vemos, en ambos casos se contribuye a tomar decisiones.

AROMAS FÉTIDOS

Lo fétido existe en la Tierra para que los hombres recuerden en primer lugar sus instintos y en segundo lugar se conecten con las esencias de la obediencia y la humildad, y reconozcan así que son una especie más en la naturaleza.

Esto se debe a que la fetidez está relacionada con cuestiones mortuorias. Ayuda al ser humano a recordar que su instinto de supervivencia es sumamente importante, ya que parece olvidar la necesidad de subsistir y proteger su vida en la Tierra, por lo que se acerca a los peligros o a sustancias dañinas o que actúan como venenos sin sentir la necesidad de defenderse de ellos.

Este tipo de olores se emplean siempre como armas de curación de choque. Cuando una esencia de madera no puede hacer reaccionar a una persona, el siguiente paso es que huela, por ejemplo, frutas en putrefacción o animales muertos. Esto es sumamente desagradable, pero a veces es la única manera de obtener resultados de sanación.

El azufre, por ejemplo, es uno de los olores que más puede abrir conciencias cerradas y obtusas. Por lo general, en el mundo en que vivimos este olor nos hace recordar más bien nuestros propios infiernos. Quizá sea más claro entender que ese olor nos lleva a pensar en lo que nos hemos negado a nosotros mismos, que muchas veces incluye a la vida misma, o nos acerca a muchas formas de muerte.

Es importante darse tiempo para reflexionar sobre este tema.

AROMAS SUBLIMES

Los aromas sublimes están en la Tierra para abrir los sentidos, la percepción y la videncia. El olor sublime es de lo más difícil de percibir para el hombre; un ejemplo es el olor de la santidad que tienen los espacios energéticos como las pirámides o los cenotes sagrados, y también el olor de la juventud o el de un recién nacido. Se puede encontrar el aroma sublime en la punta de una montaña o en un lago. Generalmente son imperceptibles, pero muy claros para quien quiere sentirlos. En síntesis, puede decirse que el aroma sublime provoca una sensación de frescura y pureza. Está relacionado con un nivel energético proveniente principalmente del área astral del Universo y puede ayudar a las personas que han olvidado la responsabilidad hacia ellas o hacia los demás y son presa fácil de enfermedades mentales como demencia, Alzheimer, casos de bipolaridad y depresiones, entre otras.

AROMAS FRUTALES

El olor frutal está relacionado con la reproducción. Como el aroma de las flores, éste siempre está presente para que los humanos vuelvan a sentir la vida en su interior. El aroma frutal está relacionado con la sexualidad (que es la representación física del amor); invita a estar más cerca de la sexualidad, a mejorarla, a sanearla y abre la necesidad del amor entre los seres humanos.

En el aspecto terapéutico, las esencias frutales se utilizan con pacientes con padecimientos de origen sexual porque ayudan a recordar la naturaleza simple y sencilla de la sexualidad. Si una persona tiene problemas de esta índole no es capaz de disfrutar del otro ni de sí misma. Los olores frutales favorecen el contrarrestar las culpas sobre este tema, siempre y cuando el paciente lo permita; ayudan a minimizar el terror, el horror y la represión de la sexualidad o la reproducción, ocasionados por conceptos de familia o de la sociedad.

Pongamos un ejemplo: si alguien ha dejado de comer por un largo tiempo, evidentemente deja de tener un contacto coherente consigo mismo y, por tanto, con su sexualidad. Para estos casos se trabaja con el olor de las manzanas, que ayudan a restablecer los apetitos. Por otro lado, los cítricos apoyan en la recuperación de la sensación de bienestar con el propio cuerpo.

El olor de la guanábana o del maracuyá son bastantes cercanos al placer sexual. Un ejemplo más: la uva es una de las frutas más usadas por el ser humano para entrar en contacto con la tierra y, en consecuencia, consigo mismo. La uva, antes de ser procesada como vino, ya es un fruto que favorece el recordar la sexualidad, la reproducción y el amor.

Recomendación: no te niegues los placeres de la tierra, aprende a gozar con todos tus sentidos de una buena copa de vino (sin abusos) y percibir los efectos positivos en tu cuerpo físico.

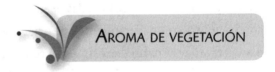

AROMA DE VEGETACIÓN

En primer lugar, el aroma de vegetación nos enseña a tomar en cuenta que el humano no es el centro del Universo, por lo que esta esencia conecta con la humildad; y en segundo lugar, ayuda a fomentar la creatividad: cuanto más eficiente es la persona en su vida cotidiana y consigo misma, más creativa llega a ser.

Al tener conciencia de la enormidad del Cosmos, el ser humano es capaz de dimensionar tanto su existencia como los acontecimientos que la determinan.

Este aroma corresponde a todas las plantas que no tienen flores ni frutos, las plantas verdes, el follaje de los árboles y la hierba (véase cuadro de plantas curativas).

El aroma de vegetación soluciona todos los padecimientos que se originan con la soberbia o con el pensar que el problema que nos afecta es único, el más importante y que, por ello, nos hace creer que somos el centro del mundo.

AROMAS MARINOS

Una de las funciones de este olor es ayudar a quienes deciden transmutar o saben que se tienen que ir, pero que debido a la falta de acuerdo entre las fuerzas, las ideas o las voluntades, no lo logran. En estos casos, así como en el de los enfermos terminales, es esencial ya que ayuda a recordarles que no necesitan quedarse en la Tierra ni para pagar culpas ni para sufrir; que pueden irse, renovarse y regresar, si quieren, pero purificados.

Por otra parte, el aroma marino contiene grandes cantidades de yodo y, por lo mismo, también es recomendable en los casos de problemas tiroideos (específicamente, con los seres expertos en las artes de la manipulación que muchas veces llegan a padecer bocio).

Estar frente al mar es un estupendo tratamiento para este padecimiento porque implica recibir grandes cantidades de yodo que se respiran y curan de manera física y espiritual recordando siempre la posibilidad de renovarse. Una persona manipuladora puede dejar de serlo si se da cuenta de que no necesita que nadie más haga lo que ella quiere, y que lo verdaderamente importante es renovar su energía y su propio poder para trabajar todo su ser.

EJERCICIO

La experiencia consciente de nuevos aromas permite expandir nuestro conocimiento. Por ello te recomiendo hacer algunos de estos ejercicios:

- Descubre nuevos aromas: descubrir nuevos aromas es una forma de establecer nuevos contactos contigo mismo. Un aroma es una sensación, por ello es una forma de entrar en nuevas sensaciones en tu interior.
- Permítete que los aromas te lleven a lugares desconocidos de ti mismo.
- El ejercicio está diseñado para que puedas responder a las siguientes preguntas en los espacios correspondientes:

¿Hasta dónde un aroma puede hacerte reflexionar?

¿Es posible que un aroma te lleve a descubrir poderes en ti que desconoces?

¿Qué olores te llevan a experiencias diferentes con tu cuerpo?

¿Qué olores te llevan a experiencias distintas de la cotidianidad?

¿Qué olores te llevan a recuerdos?

Capítulo 2
Colores

Entendemos al color como la expresión
cromática de la energía. Su significado
se relaciona con las vibraciones de esa energía
en el Universo. Acercarnos a un tipo
de vibración energética nos determina en
muchos sentidos. Y aunque también depende
de cuán conectados estemos con nosotros
mismos, tenemos que ser conscientes de
cómo nos afecta el color en nuestra vida.

LOS COLORES DEL AURA

El color del aura es una manifestación del estado anímico, físico o espiritual. Por lo mismo, los colores también son manifestaciones de consecuencias cósmicas, es decir, del devenir de nuestra alma en la rueda kármika (rueda de las encarnaciones). Aunque hay miles de colores en un aura, en el siguiente cuadro presento los colores básicos.

COLORES BÁSICOS DEL ÁURA

Color	Significado
Violeta	Un ser que está en una vida de transformación, cuyo objetivo es cambiar sus experiencias anteriores. Es posible que este momento sea el que le permitirá hacer las cosas de manera por completo distinta.
Amarillo	Un ser que progresa y cuya vida anterior no perturba los deseos presentes. Es un ser que se dirige hacia la construcción de una misión profunda y que lo está logrando.

Color	Significado
Verde	Un ser cuya vida espiritual llega a su clímax como consecuencia de que sus experiencias anteriores han sido fructíferas y aprovechadas en todas sus opciones.
Rojo	Un ser que aún pelea contra lo que ha aprendido en otras vidas, pero que no ha podido concluir, o contra pasiones humanas que no ha logrado deshacer en su camino.
Azul	Un ser que viene a iluminar a otros gracias a un trayecto de vida claro y nítido en especial y profundamente comprensible.
Naranja	Un ser que carga la mayor parte de las culpas de otras vidas, y que tiene que resolver problemas serios.
Negro	Un ser que se encuentra dentro del vacío, que está enamorado de la muerte y difícilmente se puede hacer algo por él. Se niega todo para estar mejor; rechaza cualquier opción de entrega, luz y salvación.

Los colores del arco iris

En algunas culturas antiguas se pensaba en el arco iris como una manifestación de la relación entre el aire y la tierra.

El arco iris refleja la relación entre el conocimiento universal y el conocimiento de la vida cotidiana. De él pueden derivar mil colores que no es posible sustituir.

Colores del arco iris

Color	Significado	Virtud
Rojo	Color de Fuego cuya virtud es, sobre todo, avivar el espíritu, la decisión, el poder y la fuerza del ser humano.	Desapego
Naranja	Color de Tierra cuya función principal es acercar a la vida, es decir, recordar funciones elementales de la vida de las personas, como las gástricas.	Espontaneidad

Color	Significado	Virtud
Amarillo	Color de Tierra que habla del renacer y de la vida misma.	Transformación
Verde	Color de Agua cuya función es sanar.	Nacimiento
Azul	Color de Aire relacionado con la paz necesaria para el amor.	Inspiración
Índigo	Color que le pertenece en un espacio compartido a la Tierra y al Aire; su función es demostrar la existencia y la necesidad de lo que no queremos ver.	Buen humor
Violeta	Color perteneciente al Fuego y a la Tierra; esencialmente es un color de transformación. Su función es lograr cambios en la vida de los humanos.	Transformación y transmutación
Blanco	Color de Aire y de Agua cuya función principal es purificar.	Desapego

Color	Significado	Virtud
Negro	Color de Tierra cuya misión es la comprensión de la polaridad del mundo.	Espontaneidad
Dorado	Derivación del amarillo, pero que potencia sus poderes. Color de Agua, sirve para sanar.	Transformación

EJERCICIOS

La experiencia consciente de los colores permite expandir nuestro conocimiento. Por ello te recomiendo hacer algunos de estos ejercicios:

- La vivencia del color: usar el color en nuestra ropa o en nuestra casa es una manera de limpiar o modificar nuestra energía. Cuanto más conscientes lo hagamos, más claros serán los resultados obtenidos.

¿Con qué colores me gusta vestirme?

¿Por qué?

¿Qué colores me hacen sentir diferente?

¿De qué color son las habitaciones de mi casa?

¿Cómo vivo cada color de esas habitaciones?

Capítulo 3
Sabores

El sabor es una forma única e irrepetible
de reconocer lo que ingiere tu cuerpo
y, por tanto, de identificar cómo
intenta introducir el conocimiento en tu ser.
Saber desarrollar nuestro interior menos racional
está siempre ligado al sabor como una gran
herramienta de sabiduría.

LOS 7 SABORES

Sabor	Función
Agrio o ácido	Establecer la posibilidad de aceptar lo que somos y lo que no nos gusta de nosotros.
Marino	Entrar en contacto con la sabiduría interior.
Dulce	Reconciliarse con el mundo que nos rodea, con uno mismo o con los demás.
Picante	Acrecentar el impulso vital.
Amargo	Aceptar lo que no se quiere ver.
Frutal	Encontrar alegría, renovación, crecimiento y florecimiento, pero sobre todo revitalización.
Salado	Relación con el instinto de conservación.

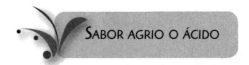

SABOR AGRIO O ÁCIDO

Está relacionado con la comprensión de lo que no nos gusta de nosotros mismos. Permite establecer la posibilidad de aceptar lo que somos y lo que no nos gusta de lo que somos.

Corresponde al primer centro, al de Tierra. Es conveniente usarlo en el momento en el que por tanto correr y tanto huir de nosotros mismos necesitamos recordar y aceptar quiénes somos, así como cuándo nuestra vida cotidiana resulta afectada porque no nos aceptamos.

Es común que algunas mujeres, sobre todo aquellas que tienen problemas con su femineidad, durante la época de la menstruación necesiten alimentos agrios o ácidos para aceptarse como generadoras de vida.

En algunas regiones del mundo este sabor se utiliza para resolver problemas de riñón y bazo, debido a que estos órganos se dedican a purificar lo que el cuerpo ingiere, y una de las mejores formas de hacerlo es aceptarnos a nosotros mismos limpiándonos de autorreclamos o expectativas no cumplidas.

Aceptarnos tal cual somos es el principio para diferenciar lo que nos alimenta de lo que nos envenena en todos los sentidos, porque al final lo peor de nuestro ser puede convertirse en nuestra mejor arma para llegar a ser quienes somos. Pero eso sólo podremos realizarlo si aceptamos nuestra naturaleza en su totalidad y nos damos el derecho a ser exactamente lo que queremos ser desde el fondo de nosotros mismos.

También es recomendable utilizar el sabor agrio o ácido cuando se sufre problemas de circulación. La idea es que ésta se detiene porque no te dejas fluir, mientras que la aceptación de tu persona puede hacerte más flexible y, por consiguiente, permitirte fluir de mejor manera.

Constituye una herramienta muy útil para los problemas de articulaciones, porque la idea de juzgarnos a nosotros mismos es la que nos vuelve rígidos. La autoaceptación nos ayuda a dejar de exigirnos tanto y con ello se logra que las articulaciones estén mucho más sanas.

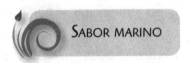

SABOR MARINO

Se refiere a la sabiduría, al instinto, a lo no racional. Remite a la posibilidad de entrar en contacto con la sabiduría interior. El sabor marino se usa sobre todo para la apertura de los niveles de conciencia o para aprender a sentir nuestros diferentes cuerpos.

Terapéuticamente se puede emplear para limpiar la piel o desinflamarla, ya que ayuda a la expresión de las emociones anquilosadas y a que nos atrevamos a conectar con lo que no conocemos de nosotros mismos. Por ejemplo, el ardor de la garganta se resuelve con relativa facilidad al hacer gárgaras con agua y sal gruesa marina. Este padecimiento se puede relacionar con la expresión o supresión de las emociones, con la apertura hacia lo que sentimos pero también con el contacto con el mundo exterior.

El sabor marino también puede encontrarse en seres que tienen un sabor más neutro, como el del calamar o el de las algas, por lo que hay que entender que el mar es mucho más que la sal en sí misma. Se necesita una buena dosis de sabiduría para identificar lo delicado y sutil que puede ser el sabor marino por sí mismo. Muchas culturas antiguas como la japonesa llevan al paladar este tipo de sabor de una forma mucho más natural y menos condimentada.

Es necesario trabajar con este sabor de manera terapéutica y a veces con gran sutileza, en particular cuando hay verdades que no se quieren ver sobre uno mismo, así como en los casos de sanación de heridas, sobre todo las emotivas. Si te acercas a la verdad, en principio puede doler más, pero es la vía más corta para pasar por encima del dolor y encontrar soluciones, formas de perdón o enfrentar la realidad. El sabor marino te relaciona con el instinto de conservación y con el instinto de pertenecer a la Tierra.

SABOR DULCE

La gran característica de este sabor es la posibilidad de reconciliarse, tanto con el mundo que nos rodea como con nosotros mismo o con los demás. Todo esto implica el contacto con la armonía, la aceptación de nuestro ser, la toma de conciencia y la integración al medio ambiente.

La reconciliación es mucho más sencilla si se relaciona con el placer; por eso el sabor dulce es muy agradable y el más aceptado. Sin embargo, su intolerancia también es común y está ligada a la imposibilidad de interaccionar con aquello con lo que sería necesario entrar en contacto.

En las culturas mexicana y china se observan ciertas características especiales acerca de este sabor, ya que es común encontrarlo combinado con otros sabores como el picante o el agrio. Esto implica la integración de las ideas, los seres, los cuerpos y el mundo. La combinación dulce con picante es tan importante para ciertas culturas porque implica el hecho mismo de decir "soy y actúo". Me reconcilio y al lograrlo, actúo, es decir, es un sabor que tiene como consecuencia el movimiento.

La complejidad de los sabores, así como su alternancia o coexistencia en los muchos y muy elaborados platillos que podemos consumir alrededor del mundo, traducen, de alguna manera, la complejidad del ser humano en la Tierra. Por ello es muy claro que ayudan a armonizar la vida cotidiana.

SABOR PICANTE

El picante está relacionado con el sol y, por tanto, con el fuego, con la manera de vivir, con la idea de la vida. Es el impulso vital, la actividad en la que actuamos, en la que asumimos la responsabilidad, y como nos asumimos como somos, entonces actuamos.

Evidentemente es importante que estemos conscientes de cómo, cuándo y cuánto ingerimos, lo que quiere decir que es necesario realizar un trabajo personal previo. En caso de hacerlo en conciencia, ayuda a la toma de decisiones a partir de ser capaz de aceptar que es una herramienta de trabajo y no sólo una forma determinada de alimentarse.

En el ámbito terapéutico ayuda en casos de depresión, desidia, asuntos de lesiones de piernas o de músculos que tienen como consecuencia varios tipos de inmovilidad o parálisis (incluimos en estos casos problemas de tetraplejía o cualquier tipo de problema motor).

Cuando el picante provoca problemas en el estómago está relacionado con problemas emocionales de autosabotaje y con la necesidad de levantar nuestro ánimo pero no actuar en consecuencia.

Recuerda que las peores emociones, como el odio, el rencor o el enojo, se atoran en la zona del diafragma y que al liberarlas es posible volver a descubrir la alegría y el placer de vivir. Por eso resulta importante descubrir cómo trabaja en ti cada uno de los sabores y usarlo a tu favor.

Sabor amargo

El sabor amargo es una terapia de choque, una manera de entender la parte que no aceptas de la vida tal como es. A diferencia del sabor ácido, que nos habla de la no aceptación de nosotros mismos, el amargo se refiere a aceptar lo que no quieres ver: la muerte, el miedo, la dependencia de tus seres queridos, la manipulación, entre otros.

En esencia, es la posibilidad de abrir la receptividad a que la vida es un todo que incluye lo bueno y lo malo, lo dulce y lo amargo, lo maravilloso y lo terrible.

De ahí la necesidad de tomar café para enfrentar cada día, o la pasión que puede despertar el chocolate amargo en algunas personas. Aceptar que la vida no es lo que nosotros ideamos o idealizamos, pero sí puede ser lo que queremos que sea y por lo que trabajamos, nos hace adoptar una actitud adulta frente a ella. Nos hace responsables… y felices.

SABOR FRUTAL

El sabor frutal nos habla de alegría, renovación, crecimiento y florecimiento, pero, más que nada, de revitalización.

Debiera formar parte de la vida cotidiana de todas las personas, en especial en casos de tristeza, melancolía o falta de autoestima.

Su aplicación ya de por sí implica un cambio de cómo vemos la vida y qué es lo que queremos de ella. Por tal razón pueden ser útiles las monodietas de uno, dos o tres días de una o varias frutas. Pero también podemos usar la relación olor-sabor aplicando aromaterapia para estos mismos trastornos, a los que podemos añadir la depresión.

Si una persona con exceso de peso y una depresión que proviene de no aceptar su cuerpo o no amarse lo suficiente como para cuidarlo, decide hacer un cambio y empieza a comer frutas, poco a poco notará los cambios positivos en su interior.

Este tipo de sabor es el que menos conciencia necesita para verificar sus efectos.

SABOR SALADO

Entendemos el sabor salado como todo aquello que se relaciona con la tierra y con el mineral como tal. Ejemplo de ello es el chamoy como fruta cocida en sal, el pescado cocinado en costra de sal, los aderezos salados y otros. El sabor salado no tiene relación con el marino, ya que éste, como mencionamos, implica mucho más que la sal.

Tanto en el hombre como en los animales encontramos esta mimetización, al comprobar que todos los líquidos que emanan de su cuerpo son salados, y esto se explica porque al final de cuentas todo lo que es salado proviene del mar, que es el origen de todas las especies.

Este sabor es esencial en particular para las personas con problemas de la vida diaria que parecen insuperables, como la desorganización en cada uno de los actos cotidianos, la imposibilidad de encontrar el lugar al que se pertenece, o en el que se quiere anidar o tener una propiedad, o el obstáculo para alcanzar una vida como la que se desea. Otro caso es el de aquel que tiene trabajo, pero son tantos sus problemas que parece que ese trabajo se convierte más en un conflicto que en una herramienta o forma de vivir.

EJERCICIO

La experiencia consciente de los sabores permite expandir nuestro conocimiento. Por ello te recomiendo hacer algunos de estos ejercicios:

- Los platillos sofisticados, que mezclan diferentes sabores, como los chiles en nogada, el mole en todas sus variedades o la alta cocina en general, pueden ser una fuente de sensaciones que cambian la energía de un cuerpo. ¿Qué cambios somos capaces de percibir cuando comemos este tipo de platillos?

¿Cuál es mi tipo de sabor favorito?

Una vez que sé a qué se refiere este sabor, ¿por qué lo elijo?

¿Qué sabores necesito en mi vida?

Capítulo 4
Texturas

Las texturas nos hacen encontrar formas
de relación distintas con el mundo que nos rodea
y entrar en contacto con ellas de una manera
consciente nos ayuda a comprender la
estructura de nuestra vida. Por consiguiente, las
texturas y la conciencia de su influencia en nuestra
vida, pueden llevarnos a recuperar o construir la
armonía de nuestro cuerpo. Las texturas unen
a los seres humanos, desde la palma de la mano
hasta la planta del pie, con la energía del cielo.

LAS 7 TEXTURAS

Textura	Función
Rugosa	Reúne al ser con la tierra y, en consecuencia, con su vida cotidiana, con la realidad de todos los días.
Lisa	Acerca al ser con el placer de la vida diaria.
Sedosa	Ayuda a la sublimación de nuestra conciencia con otros estados mentales y emocionales.
Acuosa	Acerca al ser a la verdad, incluso a aquella que no quiere ser vista.
Oleosa	Acerca al ser con el conocimiento interior y exterior.
Aérea	Une como función esencial en el ser la emoción con el intelecto.
Etérica o sublime	Libera a los siete cuerpos. Se puede usar solamente en viajes astrales o cuando el ser se ha liberado del cuerpo físico.

TEXTURA RUGOSA

La función de la textura rugosa es reunir al ser con la tierra y, por lo tanto, con la realidad de todos los días. Si deseas sublimar tu estancia en el planeta, toma un momento para tener entre tus manos arena gruesa, piedras o arcilla.

TEXTURA LISA

La textura lisa tiene como función reunir al ser con el placer de la vida diaria. Ejemplos de esta textura son el vidrio y el mármol pulido.

La textura lisa propicia la relación con lo cotidiano, con el mundo de todos los días, con el goce, con la cotidianidad placentera. Si deseas contactar con el placer cotidiano, siente la textura de los materiales que mencionamos.

TEXTURA SEDOSA

La textura sedosa puede ayudar a la sublimación de nuestra conciencia para alcanzar otros estados mentales y emocionales. De ahí la enorme valoración que se ha dado a la seda a lo largo de la historia de la humanidad. El deleite es sublimación porque nos reconcilia con nuestra estancia en la Tierra.

Para contactar con esta textura, te recomiendo envolverte en una tela de seda durante unos instantes.

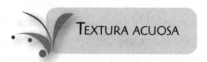

Textura acuosa

Esta textura acerca al ser con la verdad. Es la textura del gel, es decir, del agua aprisionada o tratada. Este tipo de textura es una de las formas menos violentas para conectar al ser humano con la verdad, ya que el agua siempre implica verdad o conocimiento. Los mejores lugares para meditar son los que están localizados cerca de un lago, del mar o de una fuente; también es cierto que durante el baño diario algunos de nosotros llegamos a tener ideas claras y la capacidad de resolver ciertos problemas. Esto se debe a que el contacto con el agua siempre implica el enfrentamiento del ser con la verdad, aunque sea a un nivel inconsciente.

Disfrutar el baño, estar en el agua, trabajar manualmente con texturas de geles (materiales para hacer velas o bolsas de alimento gelatinoso para las plantas) ayuda a nuestro inconsciente a abrirse a la verdad que no está aceptando.

Textura oleosa

El objetivo de la textura oleosa es acercar al ser al conocimiento interior y exterior.

El aceite es un bálsamo y se ha usado como tal a lo largo de toda la historia humana, porque rememora la sensación de ser nosotros mismos. Nos recuerda nuestra estancia en el planeta, pero sobre todo nuestra estancia en el cuerpo físico.

"Pertenezco a mi cuerpo, estoy en mi cuerpo, soy mi cuerpo." Éste es el principio del conocimiento interior y, por ende, del exterior: pertenezco a mi cuerpo y desde mi cuerpo puedo comunicarme con mis emociones, lo cual me lleva a entender el mundo desde la parte menos racional de mí mismo y me acerca a la sabiduría universal.

Las sustancias con esta textura, en especial las que también implican aromas como el aceite de almendras dulces, los aceites de oliva o los que se utilizan para masaje, ayudan a que la persona pueda igualmente acercarse a la sensación de la textura aérea.

Para entrar en contacto con la textura oleosa es recomendable autorizarte un masaje corporal con el aceite esencial de tu preferencia.

TEXTURA AÉREA

La textura aérea tiene como función esencial unir emoción con intelecto. Por eso es la textura más cercana al amor universal.

La unión de la emoción con el intelecto forma el conocimiento, el cual no puede obtenerse por separado si es realmente importante; si se hace por separado se olvida, sólo cuando unimos emoción con intelecto obtenemos un conocimiento profundo. Por eso el amor tiene que ver con el conocimiento.

Intentar tocar la textura aérea equivale a tocar el amor, es descubrir la sensación del amor.

Cuando el aire pasa por nuestro cuerpo, o juega con nuestros cabellos, cuando sentimos que podemos tocar un aroma o cuando un sonido adquiere una sensación papable, experimentamos la textura aérea.

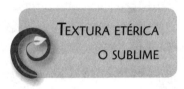

TEXTURA ETÉRICA O SUBLIME

Esta textura es liberadora de los siete cuerpos. Sólo se puede usar en viajes astrales o cuando el ser se ha liberado del cuerpo físico. También podemos llegar a tener una sensación cercana durante la meditación.

Ayuda a que los siete cuerpos encuentren su dimensión y con ello la guía de un camino. A veces se manifiesta también en el viaje del alma de regreso hacia el Universo o el viaje del alma de vuelta a la Tierra.

Esta textura es la que tiene el cordón de plata que une los siete cuerpos de cada ser, de ahí que ayuda a entrar en contacto con el hilo rector, con los guías y con los ángeles de cada ser.

Para entrar en contacto con esta textura, realiza un trabajo de meditación hasta lograr una sensación de libertad plena.

EJERCICIOS

La experiencia consciente de las texturas permite expandir nuestro conocimiento. Por ello te recomiendo hacer algunos de estos ejercicios:

- Percibe y observa con atención cómo te gusta vestirte, qué telas usas, cuáles prefieres o cuál te gustaría tener porque te hace sentir bien por encima de todo (que no sea por copiar una moda o a tu artista preferido).

¿Qué texturas me rodean en mi cotidianidad?

¿Qué sensaciones me provocan esas texturas?

¿Qué texturas y, en consecuencia, sensaciones, quisiera agregar a mi vida?

Capítulo 5
El sonido del Universo

Todos los seres que habitan el infinito,
elementales o complejos, de esta o de otras
dimensiones, son una nota de la sinfonía
del Universo y cuando hacen lo que en verdad
quieren hacer y son lo que realmente
quieren ser, es cuando dan la nota justa
para que esa sinfonía sea perfecta.

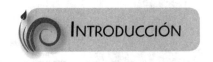

La música, y los sonidos en general, son vibraciones que viajan por el infinito, como la luz. Por ejemplo, el efecto de cantar es hacer que la energía del ser vaya a lo más lejano del Universo y regrese con mucha más fuerza renovada, limpia, brillante; al entrar al cuerpo de otro ser su potencia llega como magnificada diez veces.

La voz humana y los sonidos generados por nuestro ser establecen relaciones distintas con el otro. Ningún instrumento creado por el hombre es tan eficiente como la voz humana. De hecho, hubo un tiempo en que se consideró que sólo la voz humana era digna de cantarle a Dios y se prohibió la música instrumental en las iglesias, de ahí el nacimiento del canto gregoriano.

Las formas en que las voces se manifiestan en cada cuerpo dependen de las elecciones de los individuos y de la actitud que tengan hacia sí mismos. Es muy probable que canten para deshacerse del miedo, para no sentirse solos o para demostrar alegría. Pero también es posible que sean incapaces de cantar y en ese caso hay muchas opciones, entre ellas, la incapacidad para demostrar emociones o el miedo a mostrar quién se es en realidad.

Los sonidos no se racionalizan. El impulso vital del ser humano, asociado al elemento Fuego, es instintivo. El oído está relacionado con la parte no racional del cerebro humano. El sonido se convierte en una herramienta para el crecimiento espiritual a partir de que el ser es consciente del significado del sonido desde la entraña misma de su existencia, que es donde radica el instinto animal del individuo.

Hay una arquitectura en el Cosmos conformada por sonidos. Pero no es una estructura fija, sino una edificación en movimiento, en constante evolución, muy lejos de la idea de estabilidad que las personas buscan incansablemente a lo largo de su vida, para descubrir al término de ella que lo único constante es el cambio y que, aunque en principio no lo parezca, éste siempre es perfecto.

La imagen de Dios ha sido representada como la del Gran Arquitecto del Universo, o la del Gran Matemático, pero no podemos olvidar que también ha sido la del Gran Músico.

Lo que tú ves acaso no sean más que esquemas oídos por el ser humano y permeados por su mirada racional, pero no por ello dejan de pertenecer a la arquitectura universal, porque la racionalidad del hombre, al final, también es parte de esa arquitectura, por muy alejada que nos parezca.

La música de las esferas es, por lo que puede entenderse, mucho más de lo que la mente humana ha podido construir. La sinfonía del Universo es la que embiste al sentido irracional de las personas, que es el sentido del oído. De ahí la importancia de recuperarlo en la raza humana. Este sentido, aunque irracional, no es instintivo.

La percepción del mundo se hace por medio del instinto, por ello los cinco sentidos nos refieren siempre a nosotros mismos. Los sentidos más básicos son el gusto y el tacto; por el contrario, el oído y el olfato son sublimes, complejos y sorprendentemente sofisticados, mientras que la vista es muy racional.

El sonido siempre tiene repercusiones, algunas de las cuales son inaudibles para los seres humanos, pero todas son audibles para el Universo; esas repercusiones son los armónicos.

Esta división tonal en la que las personas trabajan y estudian para entender el tema es un principio, pero también es mucho más complejo que esto, es toda una arquitectura sonora. Esta arquitectura tiene que ver con el equilibrio áurico, que implica el equilibrio de los siete cuerpos, el equilibrio de la Tierra y del Cosmos mismos.

Las grandes esferas universales no son más que formaciones sonoras que vibran hasta convertirse en algo tan tangible como el amor o la alegría.

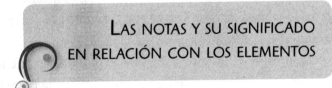

LAS NOTAS Y SU SIGNIFICADO EN RELACIÓN CON LOS ELEMENTOS

El Todo es un ser tonal; la percepción y la base son el mismo punto. Por lo general, el gran camino se transita en forma espiral para volver a llegar al punto de origen del que se partió y observar el mundo desde ese lugar con ojos más sabios. Es recorrer el Universo para enterarnos de lo pequeño que es el ser humano y entender lo que no se entendió a lo largo de los ciclos. La nota Do simboliza ese choque final; es la base, es la percepción, es la Tierra y a partir de ella las demás notas tienen una serie de funciones basadas en su vibración.

En el siguiente cuadro observaremos cómo actúa cada nota musical en cada uno de los elementos. Recordemos que cada elemento se relaciona con tres signos del Zodiaco:

- Tierra: Capricornio, Tauro, Virgo
- Agua: Piscis, Cáncer, Escorpión
- Fuego: Aries, Leo, Sagitario
- Aire: Acuario, Géminis, Libra

Las 7 notas musicales y su repercusión en los cuatro elementos

Nota	Elemento	Característica
Do Nota básica y de perfección	Tierra	La Tierra, es lo perfecto.
	Agua	La perfección del conocimiento humano, perfección de la aceptación de la realidad.

Nota	Elemento	Característica
Do Nota básica y de perfección	Fuego	El poder perfecto, del que se sabe poderoso pero también sabe ejercer el poder.
	Nota básica y de perfección	La perfección y sabiduría o percepción amorosa.
Re Nota relacionada con el poder del conocimiento en acción	Tierra	La rendición ante la creación de la naturaleza.
	Agua	La rendición del individuo frente a la realidad.
	Fuego	La rendición ante el poder de sí mismo.
	Aire	La rendición del ser humano ante sus emociones.

Nota	Elemento	Característica
Mi Nota del interior del ser	Tierra	La vibración de lo justo y del camino medio en la cotidianidad.
	Agua	La vibración de la intuición y de la mesura de la intuición.
	Fuego	La vibración de lo justo en el uso del poder y el uso de la pasión humana.
	Aire	La vibración de lo justo y del camino medio.
Fa La nota de la naturaleza El hombre y su relación con el entorno natural	Tierra	La plenitud de la tierra, de la vida cotidiana, de la reproducción como la metáfora de la primavera.

Nota	Elemento	Característica
Fa La nota de la naturaleza El hombre y su relación con el entorno natural	Agua	La vibración más parecida a la luna, más parecida a lo femenino. Es la plenitud del fluir de las emociones.
	Fuego	La plenitud del poder
	Aire	La plenitud del saber y del amar, porque eso lo sabe quien ama y sólo ama quien sabe.
Sol El resplandor El ser capaz de entregar a otros y de entregarte a ti a partir de tu poder interno	Tierra	La posibilidad de establecer diálogos entre iguales.
	Agua	La iluminación de la verdad; que salga a flote lo que está oculto, que se enfrente lo que no se quiere ver en la realidad.

Nota	Elemento	Característica
Sol El resplandor El ser capaz de entregar a otros y de entregarte a ti a partir de tu poder interno	Fuego	Una vibración de Fuego nos remite a la idea de fuerza, de poder, de lo brillante, de lo que ilumina, de lo que transforma.
	Aire	La sabiduría o el amor que ilumina al otro o a uno mismo.
La Nota de la armonía universal El equilibrio y la unión del humano con el infinito	Tierra	La estabilidad de la Tierra en su perpetuo movimiento.
	Agua	La es la nota básica de Agua. Es su vibración, la nota de las emociones, la nota que afina al mundo. Los hombres la han usado para afinar las orquestas porque es la más estable de todas. Es la que menos se puede alcanzar en su vibración perfecta. La nota La tiene que ver con la estabilidad.

Nota	Elemento	Característica
La Nota de la armonía universal El equilibrio y la unión del humano con el infinito	Fuego	La estabilidad del manejo del poder que poseo, la capacidad de equilibrio de ese poder.
	Aire	La estabilidad del pensamiento.
Si La entrega, es exactamente el paso anterior a regresar a lo perfecto	Tierra	La libertad que da la seguridad.
	Agua	La libertad para crear nuevos caminos o para cambiar de estado.
	Fuego	La libertad para ejercer el libre albedrío.
	Aire	El amor y la expresión misma de la libertad. La libertad en todos sus sentidos.

Las notas y los signos zodiacales

Además de cómo se manifiesta cada nota según los elementos, podemos usar también estas vibraciones para explicar y ayudar a los diferentes signos zodiacales a desarrollar su proceso personal.

Los signos zodiacales funcionan por triadas, una triada para cada elemento, y su existencia se relaciona con un tipo de vibración en específico, que da una muy pequeña variación en la manera de manifestarse de cada signo. Por ejemplo, Do, al ser la primera, es una nota fundamental y está más cerca de la vibración de Tierra, por lo que podemos relacionarla directamente con los signos de ese elemento: Capricornio, Tauro y Virgo.

Así podemos entender que Capricornio está relacionado con Do, Tauro con Do sostenido y Virgo con Do bemol. Para dejar clara su ubicación y distancia sonora podemos revisar el siguiente esquema sobre un teclado de piano:

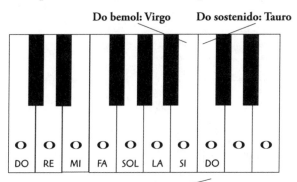

Do bemol: Virgo   Do sostenido: Tauro

DO RE MI FA SOL LA SI DO

Do natural: Capricornio

Si pensamos que todos los bemoles son la tecla siguiente a la derecha de la que buscamos y todos los sostenidos, la tecla de la izquierda, es más fácil encontrar el tono que nos corresponde en un teclado. En este ejemplo vemos que la nota siguiente al Do natural es el Do sostenido y la nota anterior, el Si o el Do bemol.

Con este sistema podemos deducir el siguiente cuadro.

NOTAS, ELEMENTOS Y SIGNOS ZODIACALES

Nota	Elemento	Signo zodiacal
Do		Capricornio
Do sostenido	Tierra	Tauro
Do bemol (Si)		Virgo
Re		Piscis
Re sostenido	Agua	Cáncer
Re bemol		Escorpión

Nota	Elemento	Signo zodiacal
Mi		Acuario
Mi sostenido (Fa)	Aire	Géminis
Mi bemol		Libra
Fa		Aries
Fa sostenido	Fuego	Leo
Fa bemol (Mi)		Sagitario

A partir de la nota Sol se trabaja con el ascendente astrológico. Esto depende de a qué elemento corresponde Sol (véanse los cuadros anteriores) y a qué elemento corresponde cada persona, así como a cuál elemento corresponde su ascendente.

La idea esencial es entender que hay una vibración que nos ayuda a centrarnos, a establecer contacto con nosotros mismos y a entrar en la paz interior con mayor facilidad.

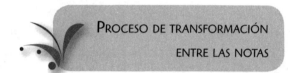

PROCESO DE TRANSFORMACIÓN

ENTRE LAS NOTAS

SI
LA ARMONÍA UNIVERSAL
TOCA LO SUBLIME

LA
EL RESPLANDOR LLEVA A
LA ARMONÍA UNIVERSAL

SOL
EL RESPLANDOR INTERIOR ALIMENTADO
POR EL APRENDIZAJE DEL EXTERIOR

FA
LA INTERIORIZACIÓN LLEVA A MEJORAR
EL CONTACTO CON EL EXTERIOR

MI
LA ACCIÓN LLEVA
AL INTERIOR

RE
LA CONSECUENCIA DE
CENTRARSE ES LA ACCIÓN

DO
LA PERFECCIÓN Y EL
CENTRO DEL SER

El sonido y su disfrute son un privilegio que pocos se permiten de una manera consciente y en busca de un desarrollo interior. Estamos rodeados de sonidos; algunos son agradables y otros no, algunos escogemos escucharlos y otros no, pero los sonidos realmente importantes son los que parten del silencio.

Hay muchos seres, incluidos algunos animales marítimos, que no tienen el don de escuchar o que se lo han negado. Y su evolución es menor que la de los demás seres, porque uno de los sentidos esenciales para la apertura espiritual es el oído. El mundo se descubre escuchando, es el mundo de lo intangible.

Ponernos en contacto con nosotros mismos (a través de la meditación o del contacto con la naturaleza, el autocuestionamiento o la ubicación de los deseos) y enfrentar qué es lo que no queremos escuchar es la mejor técnica para resolver los problemas de audición o para la recuperación del oído.

Por su parte, el ritmo, ese otro gran componente de la música, es un elemento que parte del propio corazón de la persona, pero no sólo desde ahí, sino desde el centro de la Tierra, donde se manifiestan todos los ritmos del Universo.

El temperamento es la relación con la Tierra. La rítmica es terrenal, dependiendo de cuánto se relacione con el planeta; cada hombre o cada raza humana determina también cómo es su rítmica. El ritmo es una manifestación de la vida.

Otro elemento de la música es el tono, que tiene que ver con las notas, con la altura de los sonidos, con la forma como se relacionan las notas entre ellas y la distancia que existe entre una y otra. Por su parte, el ritmo tiene que ver con el tiempo y la constancia del sonido.

INSTRUMENTOS Y VOCES

Cada familia de instrumentos que inventó el hombre tiene una función y si esta función se conoce en conciencia, puede ser una importante herramienta de trabajo interior.

Los instrumentos de aliento y madera se inventaron para comunicarse con el elemento Aire.

Las flautas, clarinetes, oboes, cornos ingleses, fagots e incluso el saxofón, ahora de metal, en sus orígenes fueron de madera.

Esto significa que ayudan a acercarnos a la libertad y al amor, al conocimiento que se propicia al viajar e ir de una persona a otra.

Los instrumentos de cuerda tienen que ver con Agua. Los sonidos de arpas, violines, violas, violoncelos y contrabajo nos llevan siempre a un contacto con nosotros mismos, son un medio de interiorización.

Los instrumentos de aliento y metal son instrumentos de Fuego. Trompetas, trombones y tubas, con todas sus variaciones, nos acercan a la vivacidad, a nuestros poderes conocidos o desconocidos.

Toda la percusión está relacionada con Tierra. Por eso las comunidades que viven más cerca de la tierra usan percusiones en un inicio.

Son el instrumento más antiguo.

LA ORQUESTA

Una orquesta es la conjunción de los elementos, de ahí que compositores iniciados como Mozart o Bach sean una bendición para la humanidad, porque en la manera en que relacionan todas las partes de una orquesta equilibran auditivamente a los siete cuerpos.

ELEMENTOS DE UNA ORQUESTA

Familia de instrumentos	Instrumento	Características	Significado
Cuerda	Violín Viola Violoncello Contrabajo Arpa Mandolina Guitarra Laúd	Instrumentos que se tocan pulsando o frotando cuerdas, con las manos o con arcos de madera y cerdas.	Relacionados con el elemento Agua y, por tanto, con la sabiduría. Estos sonidos siempre nos llevan a un contacto con nosotros mismos; son un medio de interiorización.

Familia de instrumentos	Instrumento	Características	Significado
Aliento-madera	Flauta Fagot Clarinete Oboe Corno inglés Kena	Todo aquel instrumento que requiera viento o aliento para sonar. Actualmente están hechos de metal, pero en sus orígenes fueron de madera.	Los instrumentos de aliento, de madera, se inventaron para comunicarse con el elemento Aire; ayudan a acercarnos a la libertad y al amor, al conocimiento que se propicia al viajar y estar en movimiento.
Aliento-metal	Trompeta Trombón Tuba Saxofón	Son los instrumentos que, además de requerir aire para sonar, están hechos de metal desde su origen.	Los instrumentos de aliento-metal son instrumentos de Fuego; nos acercan a la vivacidad, a nuestros poderes conocidos o desconocidos.

Familia de instrumentos	Instrumento	Características	Significado
Percusiones	Piano	Son instrumentos que se golpean para hacerse sonar. Ésta es la familia más numerosa y variada de la orquesta.	Toda la percusión está relacionada con Tierra. Por eso las comunidades que viven más cerca de la tierra usan percusiones por principio. Son los instrumentos más antiguos.
	Celesta		
	Clavicornio/ clavicémbalo		
	Tambor		
	Tarola		
	Castañuelas		
	Triángulo		
	Bombo		
	Xilófono/ marimba		
	Platillos		
	Timbales		

ORDEN DE ORQUESTA

BOMBO

PLATILLOS   TIMBALES (4)

TRIÁNGULO   GLOCKENSPIEL

CAJA   TROMPAS (4)   TROMBONES (3-4)

GONG   XILÓFONO   TUBA

CAMPANAS   CLARINETE BAJO   TROMPETA (3-4)

CELESTA   CLARINETES (2-3)   FLAUTAS (2-3)   OBOES (2-3)   FAGOTES (2-3)   CONTRAFAGOT

FLAUTÍN   CORNO INGLÉS

ÓRGANO   ARPAS (1-2)   CONTRABAJOS (6-8)

PIANO   SEGUNDOS VIOLINES (14-18)   VIOLAS (10-14)

PRIMEROS VIOLINES (16-20)   VIOLONCHELOS (10-12)

DIRECTOR

LA VOZ

La voz humana es otra cosa, se trata de la conjunción de un elemento humano con nosotros mismos y con lo divino. Las diferentes voces establecen distintas relaciones: cuanto más grave, más cercana a Tierra, y cuanto más aguda, más cercana a Aire.

La voz es una marca única en cada persona. En efecto, cada ser humano tiene una voz distinta; como sucede con el color del cabello, la forma de la mirada o la huella digital, es algo que sólo existe en ese ser, es una expresión. Escuchando voces podrías aprender a determinar quién está en cada sitio y qué acontece con ese ser. Cuando estás muy tenso, has tenido un susto o has hecho algo que te lastima, tu voz cambia. Cuando recibes una agresión tu voz cambia para defenderte.

EXTENSIÓN DE LAS VOCES HUMANAS

Extensión	Voz masculina	Voz femenina
Grave	Bajo	Contralto
Media	Barítono	Mezzosoprano
Aguda	Tenor	Soprano

La voz masculina es más alta; el tenor normalmente vibra energía aérea, al igual que la más alta de las voces femeninas, la soprano. Pero, considerando que todo es un círculo y que los polos opuestos se vuelven casi iguales, al mismo tiempo que vibran en Aire, también pueden vibrar en Tierra. De ahí que las sopranos y los tenores sean siempre los cantantes más famosos y reconocidos.

Las voces medias, como los barítonos o las mezzosopranos, están relacionadas con Fuego, en tanto que Agua corresponde a las voces intermedias entre éstas. Es decir, Tierra serían bajos y contralto, y Agua serían sopranos dramáticos, tenores dramáticos o bajos barítonos y mezzos ligeros.

La entonación tiene que ver con la conciencia de poder tocar la nota justa en la sinfonía del universo.

Hay cantantes que tienen técnicas aprendidas por lo que pueden ser buenos en el arte del canto y, sin embargo, estar muy lejos del saber espiritual.

Cuando se es capaz de tener una técnica vocal, el camino para su obtención puede llevar a procesos de conciencia. En cualquier caso, un cantante, sea con una técnica aprendida o con un desarrollo interior, ayuda a mejorar su propia alma, además de rendir un servicio a la humanidad al acercarnos a la belleza, aunque su vida diaria pueda ser un desastre.

CURACIÓN POR MEDIO DEL SONIDO

Si partimos de que el sonido es una de las uniones del humano con el Cosmos, el estar en contacto con la música de grandes maestros durante un proceso de curación o de recuperación de una enfermedad, potenciará siempre los resultados de un tratamiento. Las curaciones más importantes están siempre ligadas a la voz humana, sobre todo porque conecta al ser con su interior.

Entendiendo que las virtudes vibran en el Universo, no es extraño deducir que la vibración del sonido las acrecienta o las anula. Por ello comprendemos que el sonido forma parte de un proceso curativo.

La salud puede ser fortalecida por un sonido o afectada por un ruido o un sonido desagradable. El que un enfermo esté en un espacio luminoso, lleno de alegría y con sonidos agradables favorecerá sus posibilidades de sanación; la oscuridad y el estar rodeado de enfermedades, enfermos y lamentaciones, por lo regular lo conducirán a una depresión de su ánimo, volviéndolo más vulnerable.

Si los seres humanos estuvieran siempre rodeados de flores o de colores, su relación con la vida sería distinta. Es importante que las sensaciones exteriores ayuden al interior del ser en su largo proceso de encuentro consigo mismo, y más cuando hay problemas de salud o de vida cotidiana. Los cambios energéticos que implican una enfermedad, una separación entre seres humanos, una pérdida o una decepción, pueden sobrellevarse de mejor manera cuando se vive rodeado de un mundo bello que nos inspire y nos consuele con su armonía.

Toda vez que las virtudes son vibraciones relacionadas con los sonidos, es lógico que podamos establecer una estrecha relación entre las notas y las virtudes y de esta manera potenciar sus efectos en nuestro cuerpo físico o en nuestra vida cotidiana. Podemos establecer una correlación entre notas y virtudes a partir del cuadro siguiente.

Virtudes relacionadas con las notas musicales

Abundancia: **Re**	Entendimiento: **Mi, Sol, Si**	Nacimiento: **La**
Alegría: **Mi**	Entusiasmo: **Sol**	Obediencia: **Do, Mi, Sol**
Amor: **todas**	Equilibrio: **Mi**	Paciencia: **Do, Mi, Sol**
Apertura: **Do, Mi, Sol**	Esperanza: **La**	Paz: **Do**
Armonía: **Mi**	Espontaneidad: **Sol**	Perdón: **Fa, La**
Aventura: **Si, Re**	Fe: **La**	Poder: **Sol**
Belleza: **Si, Re, Fa**	Flexibilidad: **todas**	Propósito: **Mi**
Buen humor: **Si**	Fuerza: **Re, Fa, La**	Purificación: **La, Sol**
Claridad: **Si**	Gracia: **La**	Responsabilidad: **todas**
Compasión: **Do, Sol**	Gratitud: **Fa#**	Salud: **Re**
Comunicación: **La**	Hermandad: **Sib**	Sencillez: **Do**
Confianza: **La**	Honestidad: **silencio**	Síntesis: **Do, Mi, Sol, Si**
Creatividad: **Do, Mi, Sol**	Humildad: **Sol**	Ternura: **Si**

Deleite:	Inspiración:	Transformación:
Fa	**Si**	**Do**
Desapego:	Integridad:	Valentía:
Lab	**Do**	**Sol**
Diplomacia:	Juego:	Verdad:
Sib	**Sol**	**La**
Educación:	Libertad:	Voluntad:
Re	**Do**	**Sol**
Eficiencia:	Luz:	
Mi	**La**	

En este sentido, si tenemos un acorde formado por tres notas como Do, Mi, Sol (que es un acorde básico para toda la música del mundo occidental), podemos deducir que la libertad (Do) se logra con la alegría (Mi) con base en el entendimiento (Sol). Ésta es una forma de reflexionar sobre las acciones de las virtudes en nuestra vida y la manera en que podemos relacionarlas con nuestras necesidades cotidianas y de sanación.

La música en esta tonalidad llamará a estas tres virtudes y desarrollará en los seres humanos la idea de que aprender a ser libre implica ser alegre, pero que también para lograrla se necesita entender lo que representa. La mayoría de las melodías alegres se basan en la tonalidad de Do mayor, la que no tiene bemoles ni sostenidos, es decir, ninguna alteración. De hecho, casi todas las canciones populares o los himnos de las naciones están escritos en esta tonalidad porque siempre implican alegría y entendimiento.

Hay canciones o piezas musicales que despiertan procesos de desarrollo interior, aunque la persona no tenga idea de dónde provienen esas ideas o esas sensaciones, sólo sabe que las necesita para sentirse mejor. Y aunque haya mil maneras de entender la música, evidentemente cualquier persona puede decidir que tal tonalidad le parece triste si no tiene la mínima intención de ser libre, ni de saber de la alegría, ni de tener entendimiento; también es cierto que es un lenguaje universal que llega a todos los que quieren recibirlo. Entender lo mejor que te puede dar la música requiere también la suficiente apertura interna para recibirla.

Las orquestas, como casi todos los conjuntos musicales que no agreden el oído, en realidad son vehículos de sanación. Por eso hay gente que no puede vivir sin escuchar orquestas en vivo.

Las posibilidades curativas de la música provienen de cómo se acerca al ser humano, ya que, aunque se dirige a la parte racional del hombre, recurre también a su base instintiva: el oído. Y ahí donde la palabra ya no puede expresarse, donde no tenemos el significado preciso, la música sí que tiene lo necesario para hablar de lo que no podemos decir.

La mente implicaría integrar la emoción y el instinto, logrando el centro, el equilibrio. Al acercar esto a un ser humano nos dirigimos a lo sutil, lo emocional, lo intangible, lo que nos mantiene vivos en realidad y lo que entraña una forma diferente de ver la vida.

La música es una herramienta que representa, que explica, que abre caminos, pero el camino sólo se transita caminando. No puedes pensar que el que alguien sea músico o un buen músico signifique que esté sanado o en un estado superior de salud mental o física. Pero sí es cierto que tiene una herramienta mucho más a la mano que aquel que empieza.

Cantar es un acto liberador y un acto purificador. Pero también es cierto que es una herramienta muy eficiente para vencer emociones negativas como el miedo o la depresión, así como para potenciar nuestras invocaciones de bendiciones, felicidad o amor. Cantar también puede descubrirnos poderes que desconocíamos de nosotros mismos o hacernos conectar con emociones escondidas e inconfesables o recordarnos nuestra misión en la vida presente. Pero, sobre todo, cantar es una manifestación de nuestro ser que nos une al Universo y es muy probable que nuestra vida no sea realmente nuestra hasta que no encontremos nuestra propia voz.

EJERCICIO

Simplemente canta, en el sitio que quieras, lo que quieras y como quieras… pero canta. (Si crees que no puedes, empieza a tararear o a emitir sonidos desde tu garganta; poco a poco podrás abrir la voz y sentirte libre.) Procura darte este regalo, sin juzgarte y sin creer que lo haces bien, mal o regular. Se trata únicamente de hacer de ti alguien más feliz y más consciente de sus dones.

Capítulo 6

Los siete centros energéticos del cuerpo humano

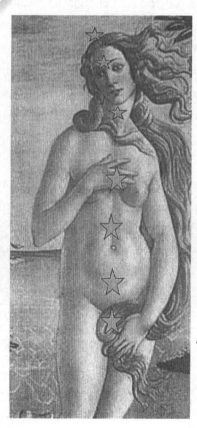

Conciencia

Luz

Sonido

Aire

Fuego

Agua

Tierra

INTRODUCCIÓN

Si queremos proseguir en el viaje de conocimiento, es importante realizar un salto en nuestro interior y entender cómo hacemos funcionar la energía de nuestro cuerpo físico. Por consiguiente, a continuación y de manera sintética veremos las características esenciales de cada uno de nuestros siete centros energéticos (también llamados chakras).

Podemos encontrar el reflejo de cada uno de los elementos tanto en las manos como en los pies. En el siguiente dibujo observamos una mano y la relación de cada uno de los centros energéticos y los dedos. Entender esta imagen nos facilita sobremanera ponernos en contacto con las características de cada uno de los centros que veremos a continuación.

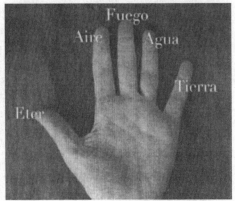

A un lado de la explicación de cada uno de los centros energéticos encontrarás la imagen de una mano con un símbolo específico que te ayudará a contactar con la energía que le corresponde. En silencio, realiza este movimiento y percibe qué es lo que sucede en tu interior.

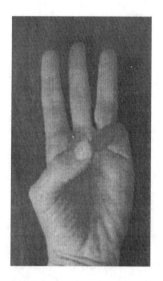

Centro energético 1

Corresponde al elemento Tierra.

Signos zodiacales del elemento Tierra: Tauro, Virgo y Capricornio.

Localización: perineo.

Asociado con: supervivencia.

Relacionado con: glándula supra-rrenal.

Rige: pies, piernas, base de la columna, sistema digestivo, huesos, rodillas y cuello.

Sentido: olfato.

Combinado con los demás elementos gobierna: huesos, pelo, piel, vasos sanguíneos, músculos.

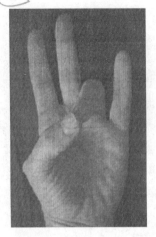

CENTRO ENERGÉTICO 2

Corresponde al elemento Agua.

Signos zodiacales del elemento Agua: Cáncer, Escorpión y Piscis.

Localización: entre el hueso púbico y el ombligo.

Asociado con: emociones y sexualidad.

Relacionado con: sistema reproductor.

Rige: genitales, región lumbar, cadera, pecho y pies.

Sentido: gusto.

Combinado con los demás elementos gobierna: semen, saliva, sudor, orina y sangre.

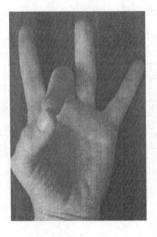

CENTRO ENERGÉTICO 3

Corresponde al elemento Fuego.

Signos zodiacales del elemento Fuego: Aries, Leo y Sagitario.

Localización: entre el ombligo y el plexo solar.

Asociado con: el poder personal y el metabolismo.

Relacionado con: páncreas.

Rige: plexo solar, cabeza, muslos.

Sentido: vista.

Combinado con los demás elementos gobierna: hambre, brillo, sueño, sed y pereza.

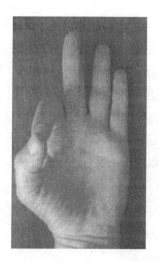

Centro energético 4

Corresponde al elemento Aire.

Signos zodiacales del elemento Aire: Géminis, Libra y Acuario.

Localización: centro del pecho.

Asociado con: amor.

Relacionado con: timo.

Rige: riñón, corazón, pulmón, tobillos y hombros.

Sentido: tacto.

Combinado con los demás elementos gobierna: velocidad, lentitud, temblor, movimiento y contracción.

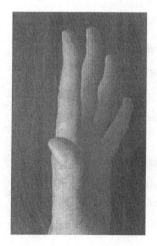

Centro energético 5

Corresponde al elemento Sonido.

Localización: garganta.

Asociado con: comunicación y creatividad.

Relacionado con: tiroides y paratiroides.

Rige: garganta, boca, mandíbula, tiroides, paratiroides.

Sentido: oído (aparece también en los centros energéticos 6 y 7).

Combinado con los demás elementos gobierna: aflicción, deseo, amor o apego, ira, miedo (estas características son también para los centros energéticos 6 y 7).

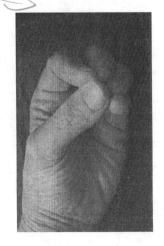

CENTRO ENERGÉTICO 6

Corresponde al elemento Luz.

Localización: centro de la frente (tercer ojo).

Asociado con: clarividencia, intuición, imaginación.

Relacionado con: glándula pineal.

Rige: ojos, sueño, clarividencia.

Sentido: oído (aparece también en los centros energéticos 5 y 7).

Combinado con los demás elementos gobierna: aflicción, deseo, amor o apego, ira, miedo.

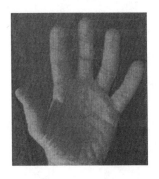

CENTRO ENERGÉTICO 7

Corresponde al elemento Sabiduría.

Localización: parte alta del cráneo.

Asociado con: conocimiento y entendimiento.

Relacionado con: glándula pituitaria.

Rige: mente, contacto con el yo interior, contacto con el Universo, canalización.

Sentido: oído (aparece también en los centros energéticos 5 y 6).

Combinado con los demás elementos gobierna: aflicción, deseo, amor o apego, ira, miedo.

Ejercicios

Somos seres vivos que habitamos un cuerpo físico gracias al cual podemos desarrollar los cinco sentidos. Nuestra gran obligación es cuidar de él para que funcione lo mejor posible en el tiempo que necesitamos estar en la Tierra y así cumplamos con nuestras múltiples misiones. El único, pero gran problema, es que por lo general nos olvidamos de él o lo obligamos a acatar ciertos cánones de belleza sumamente obsesivos. Te invito a que vuelvas a valorarte y, por lo menos durante 10 minutos al día, entres en contacto con este cuerpo; si quieres lograr cambios físicos, emocionales, mentales, espirituales y de conciencia, aprovecha estos momentos para iniciar una purificación y pensar en una manera diferente de nutrirlo con todas las herramientas que se te ofrecen en los diferentes capítulos de este libro.

1. Observa tu cuerpo (con cariño): ¿Qué sientes? ¿Qué crees? ¿Qué piensas acerca de él?

2. Ubica cada uno de los centros energéticos y pon tus manos con el símbolo correspondiente sobre cada uno de ellos, durante unos minutos.

3. Detente un momento para sentir los cambios en el interior de tu cuerpo. Haz una pausa… ¿Cómo te sientes ?

Sanar significa perdonar, sanar es un acto de amor, una transformación de la energía en formas de creación, amor y esperanza.

Capítulo 7

Los siete cuerpos del ser humano

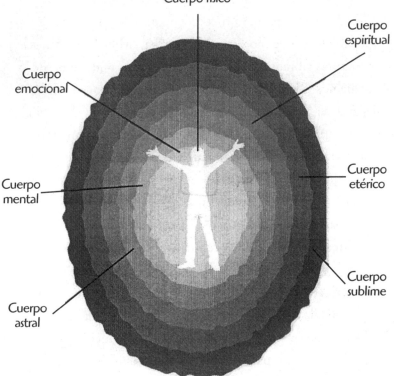

Cuerpo físico

Cuerpo espiritual

Cuerpo emocional

Cuerpo etérico

Cuerpo mental

Cuerpo sublime

Cuerpo astral

En los comienzos fue el canto, es decir, el sentimiento. Éste representa al alma que se manifiesta en los siete cuerpos.

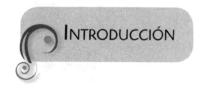

INTRODUCCIÓN

Antes revisamos la energía y la forma cómo se distribuye en el cuerpo físico. Ahora, desde la materia viajamos hacia lo sutil: descubrimos que no somos nada más un cuerpo sino que alrededor de nosotros, en forma ovoide, existen seis estructuras vibrantes que son el archivo de lo que somos, de lo que hemos sido y, si volvemos a la Tierra, de lo que podremos llegar a ser. Estos cuerpos se unen al físico desde el ombligo con lo que se llama el Cordón de plata; en el momento de transmutar quedan unidos únicamente los seis para, de ser necesario, volver a incorporarse a un nuevo cuerpo físico y seguir aprendiendo y entendiendo lo que es la vida en la Tierra, así como el desarrollo de los sentidos.

Al reconocer nuestros cuerpos sutiles, y al tener alineadas las energías de los siete centros energéticos, logramos establecer contacto con la información resguardada en esos seis cuerpos y acumulada a lo largo de nuestras múltiples vidas. También podemos llegar a ella a través de técnicas de meditación o de regresiones a vidas pasadas para que de esta manera consigamos reconocer las múltiples herramientas y los dones de los cuales podemos echar mano para facilitar la experiencia de vida presente.

A lo largo de la historia del hombre, se ha sabido de personas con dones especiales –como la clarividencia, la canalización, curaciones a distancia, viajes astrales, cierto tipo de sanación, entre otros– que desarrollaron esas capacidades desde que eran muy pequeñas, o dicho de otra manera, que llegaron al planeta con esas especialidades. Sin embargo, un poco más adelante veremos que la purificación de los cuerpos y el crecimiento de la conciencia resultan en la adquisición y el desarrollo de esos dones por la facilidad de alinear las energías de los siete centros y de contactar con los demás cuerpos, con el único fin de ayudar a sus semejante y demás especies vivas.

Aunque hablaremos con más detalle de este tema, sería importante aclarar en este momento que los siete cuerpos que conforman al alma humana son los que se muestran en el siguiente cuadro.

LOS 7 CUERPOS

Cuerpo	Descripción
Físico	Cuerpo con el que nos movemos en la Tierra
Emocional	Cuerpo relacionado con los sentimientos y los instintos

Cuerpo	Descripción
Mental	Cuerpo relacionado con el aprendizaje intelectual de otras vidas
Astral	Cuerpo de desplazamiento onírico
Espiritual	Cuerpo de unión con la sabiduría universal
Etérico	Cuerpo transformador de la energía individual a la energía universal
Sublime	Cuerpo de energía sutil que se une a la armonía universal (la presencia deificada)

CUERPO FÍSICO

El cuerpo físico es un contenedor de emociones, ideas, pensamientos, deseos, energía y entendimiento. Lo más importante es que la gran función de este cuerpo es poder hacer tangible lo intangible. Al hablar del cuerpo físico entendemos que somos el reflejo de los cuatro elementos de la naturaleza y que convivimos con ellos a través de los siguientes puntos.

1. Escoger un signo para aprender de la vida a través de él.

   Las misiones de Tierra se relacionan con:

   • Aprender a vivir en el mundo para transformarse y disfrutar.

- La comprensión de lo que atañe a los sentidos y a la energía del alma.
- La sanación.
- El perdón, que constituye un acto de amor personal y tranquilizador.

Las misiones de Agua se relacionan con:

- Procesos individuales e internos como llorar, meditar, estudiarse y estudiar a los demás; aprender a fluir. La limpieza de emociones e ideas estancadas.
- La conciencia de que su característica es la verdad y su capacidad de verla aun sin aceptarla, o huyendo de ella.

Las misiones de Fuego se relacionan con:

- La transformación individual o colectiva.
- La relación con el poder, la posesión y el perdón.
- El aprendizaje para vencer las pasiones humanas.

Las misiones de Aire se relacionan con:

- La utilización de herramientas, como son los conflictos resueltos en tiempos pasados, para enfrentar su quehacer actual.
- El arte y la creatividad.
- El dar sin preocuparse por recibir.
- El ejercicio de su libertad.

2. Convivir en forma a veces armoniosa y otras veces con síntomas que se transforman en malestares o enfermedades.

En el siguiente cuadro muestro un resumen de los problemas de salud (físicos, emocionales, mentales y espirituales) que se pueden desarrollar dependiendo del elemento al que pertenecemos:

Tierra: Capricornio, Tauro, Virgo
Agua: Piscis, Cáncer, Escorpión
Fuego: Aries, Leo, Sagitario
Aire: Acuario, Géminis, Libra

Y los centros energéticos 1, 2, 3 y 4, esto es, centros de Tierra, Agua, Fuego y Aire.

Ejemplo de un caso hipotético: tu esencia es de Tierra (Virgo) y descubres que tienes problemas con el centro de Agua (2). Por tanto, tu actitud ante el problema es… o bien lo que te ocasionó es… ser una persona cerrada que no escucha, habla poco y ha dejado de alimentar su vida.

ELEMENTOS (CENTROS ENERGÉTICOS) Y CUERPO FÍSICO

	Esencia			
Problemas con:	*Tierra*	*Agua*	*Fuego*	*Aire*
Tierra	Falta de aceptación de uno mismo. Autoestima baja, incomprensión de nuestro ser.	No es capaz de nutrirse ni de estabilizarse. No acepta las ideas de los demás ni los escucha. Personas que hablan demasiado.	No se puede aceptar. No encuentra sostén ni sus razones ni motivos para sus acciones. Personas depresivas.	Incapaz de sentar cabeza. No encuentra lugar donde sentirse a gusto. Tiene problemas con la vida cotidiana. Mira tanto al horizonte que no observa dónde cae.

	Esencia			
Problemas con:	**Tierra**	**Agua**	**Fuego**	**Aire**
Agua	Deja de nutrirse.Personas cerradas, que no escuchan, desconfían y hablan poco.	No acepta su esencia. No reconoce su propia sabiduría, ni sus posibilidades de cambio. No ve su propia verdad.	Personas tercas, reticentes a cualquier cambio. Niños con problemas de aprendizaje.	No quiere crecer ni madurar. El niño eterno. No quiere asumir la responsabilidad del conocimiento ni de saber.
Fuego	No es capaz de entrar en calor, no se mueve. Pone barreras para relacionarse. Hace más lento su desarrollo, llega tarde a lo que dice que quiere llegar o hacer.	No quiere cambiar de estado ni saber cuáles son sus otras posibilidades como ser humano. Se estanca, rechaza posibIlidades de desarrollo y se frustra. Personas que dudan de sus capacidades.	Tiene problemas para saber quién es, no reconoce sus propios poderes. Es una situación muy destructiva.	No se transforma. Toma muy mal los cambios. Puede ser consecuencia de problemas con alguna relación. Aislamiento.

Problemas con:	Esencia			
	Tierra	Agua	Fuego	Aire
Aire	Pierde la capacidad imaginativa, creativa y de ensoñación.	Pierde la posibilidad de jugar con su ser. Pierde alegría y movimiento. No se divierte con el conocimiento. Personas que no se mueven, que no ríen, muy solemnes.	Se apaga, se acaba. Rechaza la vida.	Personas tristes, melancólicas. Rechazo de los talentos y los poderes. Negación de amar y de la creatividad.

La función del cuerpo físico como tal es el sostén en la tierra de los otros seis. Y, por supuesto, si avanzamos hacia lo complejo, ese es el cuerpo por el cual se está en la Tierra, pero también con el cual las personas aprenden en la Tierra. Los otros seis son los cuerpos con los que el ser humano o el alma, más bien, aprenden del Universo. Por lo regular, cuando estás en la Tierra se pueden ver siete. En el universo sólo percibes seis (puesto que ya no existe el cuerpo físico), unidos por lo que se llama el Cordón de plata. Por consiguiente, la función del cuerpo físico es el enlace con la tierra, con el mundo físico real, con el mundo tangible. Los otros seis son intangibles, representan el mundo sutil del ser humano. Para aprender a entrar en contacto con los seis cuerpos sutiles es importante aprender a alinear las energías de los siete centros energéticos (véase el capítulo anterior).

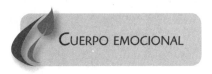

CUERPO EMOCIONAL

La función del cuerpo emocional tiene que ver con el entendimiento emocional tanto para expresar como para procesar las emociones. Saber conectar con este cuerpo nos enseña a percibir la denominada inteligencia emocional, tipo de inteligencia relacionada con ser capaz de seguir los instintos y diferenciar las emociones de una manera lógica y eficiente para nosotros mismos, con ser capaz de creer en los instintos y de movernos en el mundo sin tener que reprimir emociones ni confundirlas. Por ejemplo, "no sé si estoy frustrado o alegre", o "no sé si tengo miedo o estoy enojado". El desarrollo de este cuerpo ayuda a tener la claridad emocional para discernir lo que sientes y saber escoger lo que quieres sentir. Puedes llegar a establecer contacto con las numerosas virtudes o ángeles al hacer lo propio con tus instintos y de ahí percibir el Universo.

En el cuerpo emocional también se guardan experiencias de vidas pasadas.

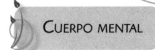

CUERPO MENTAL

La función del cuerpo mental evidentemente tiene que ver con el entendimiento, la razón y la memoria de vidas pasadas. La memoria es el archivo de la información recuperada a lo largo de la vida, lo que incluye esta vida y las demás; es el enlace entre el pasado y el presente. Recuperar la memoria no es un ejercicio de la mente; es el acercamiento o el encuentro con la respuesta que pueden dar los diversos cuerpos de los seres vivos. Los animales viven en estadios de salud diferentes de los del ser humano, ven y sienten al otro, pertenecen al todo, saben quiénes son, y no necesitan hacer grandes procesos mentales ya que siempre tocan su cuerpo mental para después responder a los sucesos cotidianos. No existen cuestionamientos de ideas salvo en los animales en cautiverio. La mayoría vive gozando de su libertad y aprendiendo de su entorno.

La verdadera memoria es un acceso a la evolución y a la conciencia, lleva a un aprendizaje claro y certero. Cada ser está dotado de su cuerpo de memoria, de su cuerpo mental, de su recuerdo de lo vivido con anterioridad y de lo aprendido. Son improntas de conocimiento que se diluyen a través de los diferentes cuerpos y que te permiten el acceso a la mente si se requiere la información. Si tú quieres recuperar la sabiduría de antaño, podrás encontrarla en ti mismo.

CUERPO ASTRAL

El astral, que es el intermedio entre los cuerpos no etéricos y los etéricos o sublimes, también guarda información y se relaciona con el equilibrio espiritual del Cordón de plata.

Es el pase entre un estado y otro, es la idea del puente entre las energías más densas y las más sutiles de la estructura completa, como alma, como ente vivo.

El cuerpo astral viaja con muchos objetivos: para ponerte en contacto con otros seres, para recibir información, para ayudarte a ser mejor canal, para recibir energía.

El desarrollo del cuerpo astral no implica desarrollo de nivel de salud. Una persona puede haber pedido el desarrollo del cuerpo astral para poder curar y ponerse en contacto con diferentes personas. En este sentido, no es que se suba al nivel de salud astral, es algo que se hace desde el nivel de salud emocional o se puede realizar desde un estadio de salud básico; sencillamente, se desarrolla un poco más. Cuando los siete cuerpos se han desarrollado, se cambia de estadio de salud y se establece un equilibrio diferente con la energía corpórea.

Es el trabajo energético el que hace cambiar el estadio de salud, pero también la relación con la cotidianidad, por lo que cuando esto se trabaja, de alguna manera se modifica, entrando en un nuevo estadio de salud.

Cuerpos sutiles (espiritual, etérico y sublime)

En cuanto a los tres cuerpos más sutiles, hablamos de que su función siempre tiene que ver con la organización y la purificación de la energía, contaminada o no, de los no etéricos.

Los tres funcionan como reguladores de la purificación de las energías, pero también captan información. Son aquellos a los que se tiene acceso al soñar —no todos los sueños, sino algunos específicos, especiales y muy determinados—, que te ponen en contacto con otros seres o con tus propios ángeles, con otras vibraciones, con el saber del Universo y, en general, que mantienen dentro del límite la energía más pura de tu cuerpo. Otra manera de contactarlos es a través de meditaciones profundas o ejercicios con técnicas orientales en los que te permites desapegarte del ego, en los que dejas que sucedan las experiencias que pueden llevarte a entender quién eres y, sobre todo, a conectarte con el silencio interior y la paz.

Cuerpo espiritual

El cuerpo espiritual es el cuerpo del cambio. Se alcanza antes de cambiar de plano, es decir, antes de transmutar (morir).

Se contacta fácilmente en los momentos de conexión con la paz y la aceptación de todo lo vivido y aprendido, los errores y los aciertos, las culpas y el perdón. En suma, es la energía que tiene que ver con el desapego. Muchos sanadores, terapeutas, guías espirituales y médicos, cuando realizan un trabajo consciente, trabajan a través de la energía de este cuerpo y se conectan más profundamente con los padecimientos de quienes solicitan su ayuda.

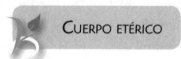

CUERPO ETÉRICO

El cuerpo etérico posibilita la transformación de nuestra energía y nos hace recordar que pertenecemos tanto a la Tierra como al Universo. La sensación que se experimenta al trabajar con este cuerpo es empezar a formar parte de un todo. Es el contacto con la sabiduría.

CUERPO SUBLIME

Este cuerpo maneja la energía que nos mueve, nos contiene, nos cura, nos pone en orden. Es la energía creativa. Digamos que es la presencia deificada en cada uno de nosotros. Sin embargo, el ser humano decide verla o no. Es su decisión.

Se relaciona con todos los niveles de salud y de enfermedad; además, se convierte en la esencia de Ser y Estar.

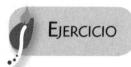

EJERCICIO

Como ya mencioné, los tres cuerpos sutiles sólo pueden ser trabajados con meditaciones o ejercicios con técnicas orientales (yoga, tai-chi, chi-kun, etc.) aunque el contacto puede realizarse de forma espontánea a través de sueños o por el desarrollo de las técnicas de canalización.

Parte 2

Los siete niveles
de salud

INTRODUCCIÓN

Entendemos como nivel de salud un estado del ser en el que se tiene una capacidad de funcionamiento como energía determinada, la cual manifestamos de distintas formas según las habilidades que hemos desarrollado. Podemos decir que estas variantes energéticas se relacionan con el crecimiento de la conciencia. El tema central de la parte 2 lo constituyen los siete niveles de salud que conocemos hasta ahora y sus características. Accedemos a cada uno de estos niveles mediante un proceso determinado de toma de conciencia, mismo que resumiremos de la manera más práctica posible.

CUADRO RESUMEN DE LOS SIETE NIVELES DE SALUD

Nivel de salud	Características particulartes
Básico	Se vive cómodamente, con la capacidad de desarrollar las ideas y los deseos propios. En este nivel se encuentra nuestra capacidad de expresión tanto de ideas como de emociones y, por consiguiente, la representación de la creatividad. Requiere descubrir la conciencia del ser.

Nivel de salud	Características particulartes
Emocional	Los poderes de nuestro ser se convierten en una herramienta para vivir felizmente. Es el nivel de la creatividad plena y del desarrollo de los poderes como la canalización o la videncia. Se relaciona la visión de esta vida con la de vidas pasadas. Requiere descubrir la conciencia del otro.
Mental	Se desarrolla la capacidad de comprensión del Universo. Útil para recuperar conocimientos de vidas pasadas y desarrollar poderes mentales como la telequinesis o la telepatía. Representa la sabiduría del Universo y el acercamiento a ella. El cuerpo físico puede llegar hasta este nivel de salud, pero lo normal es que se llegue aquí sin él.
Astral	Se desarrolla la movilidad del alma y su capacidad onírica. La conciencia del Universo significa integrarse con el Cosmos y aun ahí poder pensar con un enfoque propio. El cuerpo físico no puede llegar a este nivel de salud.
Espiritual	No existe conocimiento de la individualidad, sino de la totalidad. Es la creación de la paz universal y la transformación del ser en concepto.

Nivel de salud	Características particulartes
Etérico	Estado de salud en el que la energía se transforma hasta convertirse en sabiduría universal.
Sublime	Estado de salud en el que se forma parte de la armonía y el amor universal.

Capítulo 1
Salud básica

Un ser humano tiene salud física cuando es capaz de armonizar
su entorno con su interior.

La salud básica comienza con la posibilidad de vivir con
comodidad. En este nivel la cotidianidad implica limpieza (la
purificación y la limpieza del cuerpo físico), la expresión de
las emociones y las ideas, así como la apertura al placer y a los
deseos.

Algunas de las características de la salud básica incluyen la
sexualidad placentera y real, la capacidad de hacer realidad los
sueños y la capacidad de ser dueños de nuestra propia vida.

Ninguna de estas características o formas de vida ocurre si
no tenemos idea de qué es lo que realmente queremos o qué es
lo que no está dentro de nuestros deseos. Estar conscientes de
ello es el fundamento de la salud interior y, en consecuencia,
de la energía física.

La salud básica debería ser un hecho natural en el hombre,
pero esto no es así dada la tendencia a la autodestrucción
que como especie tenemos, quizá porque usamos nuestras
debilidades para ser aceptados por los demás. Pero, como

ha sucedido en todas las épocas, luz, oscuridad, sabiduría e insensatez coinciden y coexisten.

El verdadero objetivo de la salud básica es vivir para cumplir la misión que cada ser escogió en la vida presente; los otros estados de salud arreglan procesos de vidas pasadas o futuras o conducen a la iluminación.

La salud básica es para todos los seres y equivale a la libertad, la cual se construye y disfruta. Muchas veces nos negamos placeres o creamos placeres artificiales.

Pero las sensaciones irreales provocadas por una droga nada tienen que ver con el placer que sentimos cuando estamos en paz o cuando nos deleitarnos al admirar un paisaje, al sentir el agua de mar deslizarse por nuestro cuerpo, o al permitirnos demostrar amor y crear placer en otra persona y en nosotros mismos. Se trata de volver a observar lo que es libre y gratuito de la vida.

La salud básica es el regalo esencial que debemos darnos a nosotros mismos. Sin embargo, muchos seres humanos viven con un nivel de contaminación que, aunque les permite seguir adelante, al no depurarse, ni comer bien, ni estar en las mejores condiciones, pone en serio riesgo su vida y los encamina a una degradación paulatina.

El proceso para clarificar la vida es muy complejo y está lleno de matices según quién lo esté realizando. Por lo regular, para lograr y mantener este nivel de salud se siguen los cuatro pasos principales mostrados en el cuadro siguiente.

Pasos a seguir para lograr y mantener el nivel de salud básica

Paso	Descripción
La purificación	Deshacerse de lo innecesario en todos los terrenos: físico (las cosas que no usamos), mental (las ideas que nos estorban) y emocional (los sentimientos que nos hacen daño).
La expresión de las emociones	Ser capaz de decir lo que sentimos y enfrentarlo, ubicar nuestras emociones e ideas en su justo lugar.
La alimentación	Aprender a nutrirnos en cualquiera de las formas posibles. Significa aprender a diferenciar en nuestro entorno lo que nos envenena de lo que nos alimenta.
El placer	Disfrutar y entregar placer. Es una nueva manera de entender el devenir de la vida y del conocimiento.

LA PURIFICACIÓN

La limpieza física de nuestro cuerpo y nuestro entorno es esencial porque nos estabiliza y equilibra. La limpieza tiene también sus etapas y su propio proceso. Así, hay un momento en el año en el que tenemos derecho a no observar limpieza, y es la época en la que festejamos el carnaval. Esto se debe a que se acepta como una liberación previa a los días de fervor y meditación; es decir, durante ese periodo se adopta la actitud "puedo hacer lo que quiera". En efecto, en el carnaval olvidamos y perdonamos cualquier actitud no aceptable en la vida cotidiana. La vida demasiado rigurosa en algún momento lleva a extremos o desfogues necesarios por lo que ese tiempo de fiesta, a veces desaforada, es importante. El ser humano expresa sus instintos y posteriormente vuelve a controlar sus actitudes.

La gente también se desahoga durante las fiestas navideñas, aunque ésta no es la mejor época porque el invierno debería ser un tiempo de reflexión; por consiguiente, la mejor opción es el carnaval debido a que se realiza en una fecha cercana al inicio de la primavera, estación que representa un periodo de renacimiento.

El elemento básico de la purificación es el Fuego y el secundario, el Agua. Son muchas las formas de purificarse y una de ellas es mediante la alimentación, esto es, seguir una dieta que nos ayude a deshacernos de lo que nos estorba.

Otra es con baños purificadores en el mar, ríos o lagos, o simplemente la limpieza de nuestro ser en la bañera. Meditar frente a una vela o una chimenea puede aclarar nuestras ideas y, por último –aunque ésta es la forma más difícil de purificarse, pero también la más efectiva–, decir todo aquello que no hemos dicho y que nos agobia.

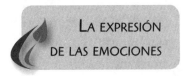

La expresión de las emociones

Hablar de las emociones significa ser capaz de identificarlas y concientizarlas. Al hacerlo decidimos emprender un camino hacia la salud ya que despejamos la garganta, purificamos el estómago, aclaramos los agobios del corazón y le quitamos peso a la columna vertebral.

Cantar y bailar se encuentran entre las formas más placenteras de liberar emociones. Expresar las ideas, que van ligadas a las emociones, es expresar la cosmovisión del hombre, lo cual se consigue con la escritura, la pintura y la actuación.

Todas las bellas artes son formas de expresión de ideas, razón por la cual la educación de las antiguas culturas siempre incluía las artes. Y aunque en la actualidad muchos creen que no son útiles, es necesario entender que todos los niños sensibles necesitan obligatoriamente una forma de decir o explicar lo que viven, lo que piensan y lo que sienten. El que un niño sepa de música, por ejemplo, no lo hace mejor, sino más feliz y eso le brinda la opción de querer vivir consigo mismo.

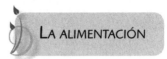

LA ALIMENTACIÓN

El placer de alimentarse es tan fundamental como el alimento mismo. Hay un nivel de contaminación en el alimento que el cuerpo incluso necesita en algunos casos, porque crea defensas. Lo importante de un alimento en específico no es siquiera qué se come, sino si realmente nutre. El más sencillo, el más simple de los alimentos se transforma en energía pura y en conocimiento, dependiendo de la actitud con la que se ingiere o se acerca a los sentidos. Mientras no pienses cuando tomas un café que éste puede ser un veneno, nunca te hará daño, ni te provocará gastritis; en tanto sea un placer, será un alimento.

EL PLACER

El placer es un alimento, pero también favorece a la salud porque establece un equilibrio entre mente, cuerpo, emociones y contacto con la sociedad. El placer es uno de los elementos que más profundamente puede purificar el aura y la energía de un cuerpo. Aprender a recuperar la sensación gratificante de la comida ayuda a quienes están enfermos de melancolía, el placer sexual ayuda a los que han padecido del corazón, gozar del sentido de la vista favorece la recuperación de las enfermedades motoras y el amor placentero en todas sus gamas actúa en los casos de enfermedades terminales.

Sin embargo, pese a lo anterior, el placer nos da miedo, muchas veces porque sentimos que no lo merecemos o porque creemos que disfrutar algo nos hará adictos a ello, pero esto no sucederá si verdaderamente lo disfrutamos. La presencia de una adicción tiene relación con querer huir de la realidad; sabemos, además, que la mayoría de quienes sufren este problema a la larga no sólo no la disfrutan, sino que acaban padeciéndola, con estragos patentes y, por supuesto, sutiles, en su cuerpo físico.

Por otro lado, una idea equivocada nos hace creer que sufrir nos lleva a una mayor espiritualidad. Hombres y mujeres han llegado a decidir que negarse placeres o flagelarse o hacerse daño puede llevarlos directamente a la santidad. Este concepto se traduce en una perversión de la concepción espiritual, como lo es el masoquismo, en lugar de la santidad.

La santidad se relaciona con la plenitud, con el contacto con el Cosmos y con saber tocar la nota que le corresponde en su sinfonía universal. El masoquismo no lleva a la santidad, en todo caso a lo que conduce es a una forma más compleja de aceptar el placer, pero en realidad no es necesario sufrir.

Si analizamos con cuidado la filosofía budista, por ejemplo, vemos que este acercarse a la cotidianidad con conciencia o el respeto a la vida en todas sus formas es en realidad una manera de decir que todo cuanto hagas puede ser placentero.

El placer es una forma de apertura de los sentidos, lo cual implica una conciencia del mundo físico distinta; nadie es igual después de su primera relación sexual, ni después de una buena comida, de haber probado un vino estupendo o haber visto una obra de arte. Por ende, el placer es vital para los hombres. Es muy difícil entender por qué nos encanta negarnos lo mejor de nosotros mismos.

La sexualidad es el medio del que disponemos para re-unirnos con nuestros instintos y con la tierra. Quien no tiene una vida sexual frecuente ni placentera llega a padecer problemas emocionales graves y nunca se reúne consigo mismo. Tener problemas en el ámbito de la sexualidad por lo general implica culpas o la incapacidad de estar con uno mismo. La vida sexual plena es uno de los motores básicos de un proceso de salud. Es muy importante entender que este mecanismo es tan poderoso que por eso ha sido tan perseguido a lo largo de la historia de la humanidad.

A través de la sexualidad se puede llegar a la iluminación, que es una de las formas de conciencia superior. Y, por supuesto, al hablar de sexualidad incluimos no sólo todas las posibilidades de amor heterosexual u homosexual, sino tam-bién la práctica de la autosatisfacción que, en el sentido de la lógica, es una forma de la vida sexual plena. Nadie puede hacer sentir al otro lo que no ha experimentado en su cuerpo;

por consiguiente, hablar de sexualidad puede remitirnos o no a una pareja.

La ausencia total de la expresión de la sexualidad en la vida de un ser humano puede ser profundamente enfermiza, tan nociva que provoque incluso niveles de locura, es decir, de no responsabilidad. Esto se debe a que al no querer acercarse a sí mismos, los seres humanos optan por no hacerse responsables de su cuerpo ni de quiénes son. Es en ese momento cuando comienzan los quiebres psicológicos.

Hablar de sexualidad real no siempre implica actos placenteros. Cuando se le utiliza como medio de chantaje, de manipulación o de toma de poder en una relación, genera diversos problemas. Lo mismo ocurre cuando se relaciona solamente con la evasión, es decir en cualquiera de sus manifestaciones que incluya culpa o autodestrucción. En ese momento hablamos de energía no explayada que se vuelve una bomba de tiempo, y puede ser el origen de muchas enfermedades, entre ellas el cáncer.

Por lo que hemos revisado del tema, podemos concluir que existen dos caminos diferentes para lograr el conocimiento. El primero es por medio del dolor y el segundo, por medio de la alegría. Todos los seres humanos pueden ejercer su libre albedrío y decidirse por uno o por otro. La gran pregunta es ¿por qué escoger el camino atormentado?

Por lo general se nos enseña que el dolor es una forma de aprendizaje que no se olvida. Pero si pensamos con atención en la felicidad, en los momentos de plenitud o de alegría, éstos tampoco se olvidan. ¿Qué se escoge al vivir? y ¿por qué se escoge vivir de esa manera determinada? Esas son las preguntas que nos ayudan a definir la forma en que vemos el mundo y nos ayudan a conocernos más profundamente. Podemos determinar aprender por medio del dolor, pero también por medio de la alegría. Entendemos la disciplina como una carga, cuando es nuestra herramienta para conseguir lo que deseamos. Pensamos en la responsabilidad como un peso sobre nosotros, cuando es la manera de liberarnos de la culpa.

El concepto de vida adulta tiene que ver con responsabilidad y disciplina, siempre y cuando se entienda como una forma de ser auténticos y no como un rígido molde al cual tenemos que ajustarnos. Esto es lo que nos libera de las emociones destructivas: la autocompasión, el victimismo, la depresión o la culpa, que son las que generan una cantidad impresionante de problemas de salud; es aquí donde entra el papel de la sexualidad. Una sexualidad no satisfactoria siempre genera culpas y rencores. Recordemos que el origen del cáncer es el rencor mientras que el origen del sida es la culpa.

La sexualidad vivida en plenitud es una de las herramientas más importantes que se tienen para llegar al entendimiento. Es el conocimiento de nuestros instintos y de nuestras capacidades de comunicación no verbal. Perderla o ser incapaz de ejercerla es una de las bases de los problemas de salud, pero también de los problemas de actitud ante la vida que pueden presentar los seres humanos.

La salud básica es un derecho de todos nosotros, pero como la libertad, como el amor, se trabaja para tenerla; de aquí se parte a todos los demás ámbitos de la salud que pueden llegar a la iluminación, al crecimiento, a salir de la rueda de la reencarnación, a formar parte del mundo cósmico eterno. Pero nada se hace si no se accede a este nivel de conciencia.

Capítulo 2
Salud emocional

Se conoce a la salud emocional porque propicia la paz.

La salud emocional es la liberadora de la energía. Es un nivel diferente en el que comenzamos a hablar de la energía que transforma, del rayo violeta.

La salud emocional limpia los procesos de vidas pasadas, pero además ayuda a que el conocimiento se convierta en sabiduría. Este nivel no sólo pertenece a los seres humanos, sino también a los animales y a las plantas. (Como ejemplo de ello recordemos el amor incondicional de los perros; en cuanto a la vibración energética emitida por las flores vean el trabajo que realizan en el capítulo "Siete formas de percibir el mundo".) La salud emocional abre puertas de percepción en todos los seres y a nosotros nos transforma en canales, videntes o escuchas.

Los pasos que llevan a mantener la salud emocional son: la conciencia, el manejo de la energía y la posibilidad de llevar la emoción a su expresión más positiva generalmente a través de las artes o el arte de vivir.

Para llegar a este nivel es indispensable tener una profunda claridad de lo que se desea y lograr, con constancia y disciplina, que se cumpla dicho deseo.

La salud emocional tiene como característica que no se percibe a primera vista, pero se siente. Al acceder a este nivel, transformamos nuestra vida: cambiamos nuestra alimentación, nuestra actividad profesional, nuestro lugar de residencia. Puede hacer que, aunque seamos los mismos, nos veamos distintos. Esto se debe a que por lo general se fortalece la salud física. Sin embargo, ésta puede resultar lastimada en los casos en que se le exija mucho al cuerpo físico y no se le dé tiempo para recuperarse o aceptar el nuevo proceso energético. Este nivel de salud requiere una concentración inmensa, reclama un trabajo enorme, pero el resultado es muy placentero.

La salud emocional aparece cuando las personas han logrado la salud básica y empiezan a entrar en contacto consigo mismas y con el Cosmos.

Para lograr y mantener este estado de salud los pasos a seguir son los mostrados en el siguiente cuadro.

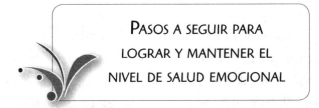

PASOS A SEGUIR PARA
LOGRAR Y MANTENER EL
NIVEL DE SALUD EMOCIONAL

Paso	Descripción
La conciencia	Ser conscientes y responsables pone en nuestras manos las riendas de nuestra vida.

Paso	Descripción
El manejo de la energía	Ser capaces de usar la energía para conseguir la realización de nuestros deseos.
El desarrollo de las artes como forma de vida	Ser capaces de desarrollar la convivencia armónica a través de las artes.

LA CONCIENCIA

Son muchos los tipos de conciencia:

- La conciencia del poder del hombre: el poder del ser humano tiene que ver con el ejercicio real de sus deseos verdaderos.

- La conciencia de su capacidad: las capacidades de la persona están relacionadas con su conciencia de **ser** y, por tanto, con sus poderes. Dichos poderes varían según el desarrollo adquirido en vidas pasadas; el signo, elemento y misión actuales; las ideas y la comprensión de sí mismas y del mundo; la posibilidad de realizar sus sueños y la aceptación de lo no tangible, así como de la sabiduría que de allí emana.

- La conciencia de que es un ser dentro del Cosmos y que, al igual que las estrellas y los árboles, el agua y las nubes, tiene derecho a ejercer una función y derecho a estar aquí.

- La conciencia de su importancia como ser único, indivisible e irrepetible.

- La conciencia de su capacidad de perdonar.

- La conciencia del amor que recibe y del que entrega.

- La conciencia de sí mismo y de su estancia en la Tierra, pasajera pero importante, y de su estancia en el Universo, eterna y total.

- La conciencia de su propio cuerpo, de sus dones, misiones y caminos.

- La conciencia de sus errores y aciertos.

- La conciencia que impide que la soberbia aparezca, es decir, la conciencia de la humildad y, por consiguiente, de la grandeza.

Algunas de las características físicas muy claras de quienes se encuentran en este nivel de salud son: se enferma poco, casi nunca o nunca; sus uñas y cabello son fuertes; su voz es clara; su energía es agradable y normalmente están rodeados de muchas personas; tienen ideas propias y viven cómodamente, aunque sea en la pobreza.

Llegar a tener conciencia es un proceso difícil que puede provocar gran temor, pero algo que se logra con responsabilidad; tiene mucho que ver con la intuición y no con las mentiras que muchos inventan para convencerse del resto de sus acciones.

Es un proceso personal e indivisible que conduce a un segundo paso, es decir, a la posibilidad de llevar la emoción a su expresión más positiva.

Todas las emociones pueden ser positivas, aunque algunas tienen el potencial de convertirse en graves problemas. Por ejemplo, el miedo ayuda al ser humano a estar alerta ante lo que le puede suceder, pero también podría paralizarlo. Aprender a hacer de las emociones positivas nuestra manera más auténtica y entrañable de relacionarnos con el mundo, es lo que transformará en algo creativo el cómo percibimos y vivimos la vida, haciendo a un lado emociones negativas aprendidas a lo largo del tiempo.

Toda emoción puede convertirse en una expresión positiva, dependiendo de tu actitud ante ella. Por ejemplo, la forma como puedes transmutar el rencor en algo positivo.

Analicemos: eres rencoroso porque crees que no cometes equivocaciones, pero cuando el rencor aparece es para demostrarte que también las cometes. Es en ese momento, si lo reflexionas, cuando puedes deshacerte de él. No es valiente quien no siente miedo, es valiente quien vence al miedo. No es perfecto ni bueno quien no siente rencor.

Es una parte de la evolución enfrentarlo y transformarlo hasta llegar al perdón.

Las emociones son dádivas divinas, formas de energía, estallidos de vida; no saber aprovecharlas es uno de los grandes problemas del ser humano. Sublimarlas no implica olvidar, sino perdonar, que será siempre mucho más difícil que olvidar.

Este nivel de salud no significa que una persona no tenga defectos, pero sí que sea capaz de verlos. En este momento hablamos de seres que tratan de no hacer daño a nadie, pero tampoco permiten ser dañados. Saber poner límites es la forma de sublimar la emoción, cuán dulce o violentamente se realice es otro asunto. Cada quien decide hacerlo desde su propio y personal punto de vista.

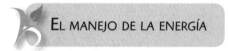

EL MANEJO DE LA ENERGÍA

Para tener una salud emocional plena necesitamos aprender a manejar la energía, es decir, saber que no es algo que se acaba, sino algo que se renueva de manera permanente. Implica entender que la energía tiene todos los poderes, como el de llegar al Universo y el de estar tan cerca como nuestro propio cuerpo. Este manejo tiene que ver con saber alinear nuestro organismo y estar en armonía, comprender que nuestra energía es la que genera los acontecimientos a nuestro alrededor y que se puede disparar y provocar efectos. Saber manejarla es como aprender a caminar o realizar labores manuales, darse cuenta de que el cuerpo tiene extensiones energéticas y que también son responsabilidad de nosotros mismos.

Para ello, un factor de enorme importancia es conocer la verdadera potencia de nuestra energía y la de la energía de los elementos a los que pertenecemos y con los que nos relacionamos. Para tener una guía es importante revisar el cuadro siguiente, en el que se muestran las características de la interrelación de los elementos, tanto en la naturaleza como en nuestro interior.

Observamos las características tanto positivas como negativas cuando establecemos relaciones entre los diferentes elementos:

Fuego – Agua - Tierra - Aire

No olvidemos que en los seres humanos las características de Fuego corresponden a los signos de Aries, Leo y Sagitario; las de Agua a los signos de Piscis, Cáncer y Escorpión; las de Tierra a Capricornio, Tauro y Virgo y las de Aire a Acuario, Géminis y Libra.

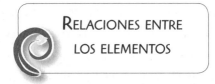

Relaciones entre
los elementos

Relación	Características
Fuego Aire	**Positiva:** el aire aviva al fuego y el fuego cambia al aire. Es una relación de cambio, de aprendizaje y de intercambio. **Negativa:** puede ser una relación sumamente demandante y dolorosa.

Relación	Características
Aire Aire	**Positiva:** el juego, la alegría y la libertad. Crecimiento intelectual y comprensión absoluta. **Negativa:** llega a la superficialidad y a la banalidad o a la fuga de la realidad. También puede ser una constante competencia intelectual.
Tierra Aire	**Positiva:** la tierra busca al aire para aprender a volar, el aire amolda a la tierra con el tiempo. Lo que une al aire con la tierra normalmente es el arco iris. **Negativa:** llega a la incomprensión por parte de Tierra y al aburrimiento por parte de Aire.
Agua Aire	**Positiva:** es una relación sumamente creativa y enriquecedora, porque el aire pone en movimiento al agua. **Negativa:** esta combinación es la creadora de las olas y los huracanes. El agua puede ahogar al aire y el aire puede desquiciar al agua.
Fuego Fuego	**Positiva:** la pasión manifiesta en todos los sentidos y en todos los aspectos de la vida. **Negativa:** la destrucción emocional o incluso física de su integrantes.

Relación	Características
Fuego Tierra	**Positiva:** la tierra es un sostén para el fuego, y puede apagarlo y controlarlo. El fuego calienta a la tierra y la transforma. **Negativa:** la transformación de Tierra suele ser demasiado lenta desde la perspectiva de Fuego. Es una relación demasiado insípida para Fuego.
Agua Agua	**Positiva:** la búsqueda del conocimiento sobre todas las cosas. Puede ser una relación de un profundo aprendizaje. **Negativa:** una constante competencia emocional y mental.
Agua Fuego	**Positiva:** el agua apaga al fuego y el fuego hace que el agua cambie de estado. Es una relación de intercambios constantes. **Negativa:** puede ser un cúmulo de reproches sin fin, porque ambos estorban el desarrollo del otro.
Tierra Tierra	**Positiva:** la construcción de un mundo estable y duradero. **Negativa:** llega a la inmovilidad absoluta de sus integrantes.
Tierra Agua	**Positiva:** el agua alimenta a la tierra y la convierte en productiva. La tierra es el cauce por el que el agua puede fluir sin perderse. **Negativa:** puede ser una relación muy dependiente.

Manejar la energía implica el conocimiento de los deseos y su ejecución, es decir, reconocer qué es lo que queremos a nivel consciente e inconsciente. Al ser inconsciente se manifiesta sin nuestro control; el deseo necesita ser consciente para que la energía siempre se emplee de forma positiva. Conocer nuestro inconsciente es una forma de entregar lo mejor de uno mismo.

Cuando eres capaz de conectarte contigo mismo y saber que ese deseo no te lo enseñó tu madre, ni un amigo, ni quienes te rodean, entiendes que es tuyo. Al tenerlo claro buscas la o las opciones de su cumplimiento y puedes llevarlas a cabo. Todos los milagros del mundo se trabajan, todos los milagros son un deseo. Cuando tu deseo implica a otra persona o a otro ser, necesitas reflexionar e incluir a la voluntad de ese ser (véase *El libro de los deseos, Editorial Alamah, 2008*).

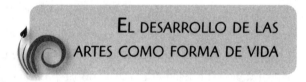

EL DESARROLLO DE LAS ARTES COMO FORMA DE VIDA

Los seres humanos crearon un mecanismo maravilloso por medio del cual no sólo hacen trabajar los dos hemisferios de su cerebro al mismo tiempo, sino también logran un puente equilibrado y armonioso entre lo que sienten y piensan y la energía cósmica y universal que los rodea. A este concepto se le conoce como arte.

Todas las artes están relacionadas con el elemento Aire, porque éste es el que comunica y lleva y trae información entre los seres (sobre todo la música, pero también la pintura cuando plasma cuestiones naturales, así como la danza y las expresiones escénicas). La excepción es la literatura, que es un arte fundamentalmente de Tierra.

La escritura desarrolla las opciones de pensamiento que llevan al mismo punto. La danza, las opciones físicas. La pintura, las opciones de videncia. La música, las opciones de los videntes escuchas. El teatro, las opciones del que se conoce a sí mismo y por ello llega al Cosmos. Por su parte, la escultura es una de las artes más liberadoras del pensamiento acerca del ser humano.

Todas las artes llegan al mismo punto por caminos distintos. Quien logra ser un gran artista en la Tierra, no un artista rico ni un artista famoso sino un gran artista, es decir, aquel que con una palabra, un sonido o una imagen logra cambiar la vida de otros, es quien está ya instalado en la salud emocional.

Con respecto a la escultura, durante el Renacimiento ésta tomó gran auge en Italia porque era la forma de manifestar el pensamiento sobre la belleza y la complejidad del ser humano.

No se trata de que todas las personas entren al mercado del arte; de hecho, ese mercado no significa que realmente se sea un artista.

El retrato de la realidad es una manera que el hombre ha encontrado para conocerse. Se sabe más de una persona a través del retrato hecho por otra, es decir, un pintor logra captar lo que tal vez ese ser no sepa de sí mismo. Si observamos la Gioconda frente a frente, no esas reproducciones comerciales, veremos que hay un alma atrapada en esa mirada y ésta es la razón por la que el cuadro es tan famoso. El retrato de la realidad es una forma de entender al hombre.

Por su parte, lo que hace una fotografía es retratar una realidad que no siempre salta a la vista para de esa manera tener una visión distinta de ella.

Un árbol es para muchos cualquier árbol e igual a todos los árboles. Una fotografía, un cuadro o incluso una melodía o un poema escrito para ese árbol o desde ese árbol dará una visión que los demás no han percibido, y eso marca la diferencia. Por eso el arte es tan necesario, porque es un suplemento de conocimiento, de entendimiento, de forma.

Hay una creación porque el artista es capaz de enseñar lo que cotidianamente no se ve. El arte hace tangible lo intangible y la fotografía hace tangible o visible lo que no vemos de la vida cotidiana.

Cuando el arte se usa para tener salud básica el desarrollo alcanzado es diferente que cuando se emplea para lograr tocar las demás formas de salud. Para llegar a la salud emocional un artista debe lograr sublimar emociones y pensamientos en el arte que le compete. De ahí la importancia de la actividad artística en el desarrollo humano: es la mejor forma de aprender a manejar la energía y de distribuir el bien entre los demás.

En un mundo en el que lo que importa es lo que se compra y se vende, es muy difícil que las personas entiendan el alcance de sus propias fuerzas. La creación es obra de dioses, pero también de hombres y esa conciencia es la más dormida en la humanidad.

La sanación, la curación, el arte de curar –lo mismo que la gastronomía–, podría tomarse también como un arte. Porque a final de cuentas todas las artes sirven para curar, o sea, para sublimar, para transformar. Curar es transformar una herida en algo que puede seguir funcionando, es quitar el dolor, es transformarlo en experiencia. Sanar es un arte porque hace lo mismo que las artes: transforma. El asunto es trabajarlo como un arte, con la misma dedicación y disciplina que un bailarín, un músico o un pintor.

Capítulo 3
Salud mental

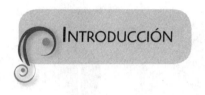

INTRODUCCIÓN

*Sólo se llega a la salud mental cuando has tenido
la posibilidad de entender y experimentar las
alternativas de vida de todos los seres.*

La salud mental es aquella que permite entender el Cosmos
que nos rodea, es la que no sólo necesita que tengamos un
nivel más profundo de conciencia de nosotros mismos sino
también conciencia de los otros. La salud mental está dedicada
a transformar emociones en ideas.

En el siguiente cuadro mostramos los pasos para llegar a la
salud mental y mantenerla.

PASOS A SEGUIR PARA ALCANZAR
Y MANTENER LA SALUD MENTAL

Paso	Descripción
Conciencia de los demás seres	Comprensión de las motivaciones de los demás seres (humanos o no) para actuar.

Paso	Descripción
Comunicación con el objeto inanimado	Capacidad de entrar en contacto con la esencia inmutable de lo inanimado tanto como se puede entrar en contacto con la esencia mutable de lo animado.
Telequinesis y telepatía	Desarrollo de los poderes mentales del hombre en todas sus posibilidades.
Interpretación de secretos antiguos	Estudio de textos antiguos para ayudar a descifrar las claves de la comprensión universal.
Comprensión de la geometría del Universo	Contacto con la energía universal y su manifestación geométrica.

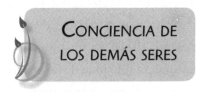

CONCIENCIA DE LOS DEMÁS SERES

Cuando has logrado ser consciente de ti como ser, empiezas a tener la capacidad de entender las motivaciones de los demás para actuar como lo hacen, y así eres capaz de comprender sus penas, alegrías, glorias y derrotas.

La conciencia en este sentido no sólo habla de humanos, sino también de animales, plantas y minerales, reconociendo la importancia de la existencia de todo tipo de seres, incluso la de asesinos, locos o aquellos que pueden atentar contra su vida.

Es la capacidad de no juzgar sino de comprender, de no castigar sino de ayudar; es lo que llamamos la bondad misma. Ésta no puede alcanzarse sin una conciencia completa de quién eres y para qué estás en el mundo. Cuando eres capaz de comprender eso las acciones de los demás se vuelven claras y explícitas.

Para llegar a este nivel es necesario deshacerse de juicios y prejuicios, de las ideas que las personas aman más que cualquier otra cosa en la Tierra y, sobre todo, desaprender todo lo aprendido equivocadamente a lo largo de las vidas para llegar a este estado.

El arribo a este punto implica ser capaz de deshacerse de ideas sociales y de colectividad; por lo general se logra después de mucho tiempo de soledad o de interiorización y meditación.

Pero, más que nada, este nivel de salud es un proceso de desaprendizaje, es un proceso de comprensión de por qué la naturaleza funciona de la forma en que lo hace, aunque parezca injusta y hable de la naturaleza del hombre en sí misma; por qué es necesario que la maldad y el dolor existan, qué función cumplen. Los seres que lo alcanzan observan las preguntas, aceptan las respuestas y no las juzgan.

Se requiere entender que, al final de cuentas, el destino de las personas es elección de ellas y que gracias al libre albedrío, equivocado o no, son capaces de coexistir a pesar de todo. La profundización de la conciencia a veces incluye la incapacidad de tolerancia de los alimentos o problemas de salud física, pero en el fondo éstos son menores porque existen muchas otras formas de alimentarse para quienes han llegado aquí. Profundizar en la conciencia equivale a tener una idea más clara del funcionamiento del Universo, pero también un pensamiento más profundo acerca del actuar del ser humano.

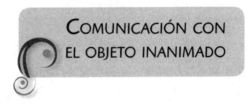

COMUNICACIÓN CON EL OBJETO INANIMADO

La comunicación con objetos es parte de la salud mental. Se basa en la alquimia, que es la ciencia que la humanidad desarrolló durante un tiempo y después creyó que la había sobrepasado cuando en realidad redujo su campo, al creer que la química como la conocemos actualmente es perfecta.

Para la alquimia, no se trataba sólo de transformar la esencia de una materia en específico sino también la del ser humano. No era únicamente convertir plomo en oro, sino al hombre en su propio creador. Este concepto implica responsabilidad, un enorme autoconocimiento y un gran contacto con el deseo interno.

Cuando alguien ya ha sido capaz de manejar su energía puede emplearla en sí mismo para transformarse como una roca en diamante.

La transformación implica también una percepción diferente del conocimiento. Esto es, aprendemos a concebir al mundo como lo percibe un perro o un gato o una flor o un árbol.

Esta transformación de la materia es un proceso de manejo de energía y de concentración de los poderes del cerebro humano que acaso sea el órgano menos conocido.

TELEQUINESIS Y TELEPATÍA

La telepatía y la telequinesis son técnicas muy distintas. Con la primera entramos en contacto con cualquier ser vivo, vegetal o mineral. Lo importante es ser capaz de escuchar, entender y entregar, es decir, que la recepción y la emisión sean de igual magnitud y claridad porque de esa forma el otro ser también se enriquece con tu experiencia, tu placer y tu visión del mundo. Cuando una persona es capaz de escuchar sin preguntar nada es un ser sano mentalmente porque no necesita indagar, simplemente entiende y percibe lo que incluso no pueden decir las palabras.

Para llegar a este punto es necesario ampliar los conductos de videncia, canalización o percepción; en otras palabras, conseguir que la recepción de todas las energías sea la óptima para que la entrega también lo sea.

La telepatía tiene que ver con la posibilidad de hablar mentalmente, de entrar en contacto silencioso con objetos, animales o personas. La telequinesis permite que los muevas con tu mente.

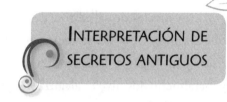

INTERPRETACIÓN DE SECRETOS ANTIGUOS

Los caminos para llegar a la salud mental están explicados en muchos libros antiguos de gran sabiduría y casi cada cultura tiene una técnica particular para acceder a ella. Cuando se trabaja en el nivel de la salud mental es fácil leerlos y entenderlos desde la perspectiva de quienes los escribieron y poder así descifrar los símbolos y los signos necesarios para encontrar las pistas para el desarrollo de las técnicas como la telequinesis o la telepatía.

Las explicaciones de los libros de los muertos, aunque sea paradójico, son en realidad para los vivos y están dedicadas a preparar a los seres para lo que sigue, para sus siguientes niveles. Esto resulta sumamente importante. Ser capaz de descifrar signos en libros antiguos sirve también para prevenir el futuro y para tomar las mejores decisiones toda vez que se conoce pasado, presente y futuro de las acciones de la humanidad.

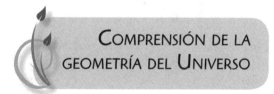

COMPRENSIÓN DE LA GEOMETRÍA DEL UNIVERSO

Pasar de la salud básica a la emocional en una sola vida es suficiente trabajo, pero seguir hacia cualquier otro nivel, salvo algunas excepciones, implica varias vidas.

Estos niveles de salud son del espíritu mismo, es decir de nuestra esencia, y no se requiere necesariamente del cuerpo físico para llegar a otros niveles de salud. En el estado físico generalmente los niveles alcanzables pueden ser la salud básica y la emocional.

El que ha llegado a la salud mental es capaz de comprender la relación tan compleja que existe en la armonía geométrica del Universo. Ésta es la manera en que se reúnen todas las ciencias, artes, ideas, emociones, texturas y sabores, o sea, todo, absolutamente todo lo que hay en el Cosmos.

Capítulo 4
Salud astral

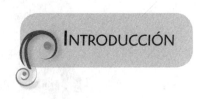

Muy pocos en la Tierra han entendido el poder de los sueños.

El nivel de salud astral está relacionado con la posibilidad de vivir tanto en la Tierra como fuera de ella, al mismo tiempo. Recordemos que el cuerpo astral es uno de los cuerpos centrales del hombre, y es el que puede viajar y realizar lo que el ser humano físicamente no puede. En cuanto a este nivel de conciencia, también tiene que ver con la posibilidad de la coexistencia, con el poder divino de la omnipresencia.

Cuando revisamos la salud mental, observamos que muy pocos individuos con cuerpo físico logran ese nivel. En la salud astral sólo seres como Buda o Cristo lo han alcanzado y han podido convivir con esta enorme vibración energética, entregando conocimientos específicos a la humanidad.

Hace algunos años existió en Occidente el movimiento denominado surrealismo que se interesó por el lado desconocido del ser humano. Éste fue un principio importante de investigación y acercamiento a otra realidad; sin embargo, se le desechó y no progresó más. Estas expresiones de conocimiento podrían haber contribuido a dar a entender lo que es la energía astral.

La energía astral se vincula con la energía de las estrellas, pero el significado real tiene que ver con poder convertirse en un todo con el Universo y aun ahí poder actuar con luz propia. Para llegar a ese nivel los pasos son un poco más complicados, pero trataré de explicarlos de la manera más sencilla.

En el siguiente cuadro presentamos dichos pasos.

PASOS A SEGUIR PARA ALCANZAR Y MANTENER LA SALUD ASTRAL

Paso	Descripción
Conciencia de lo Otro	Ser capaz de comprender lo intangible.
Capacidad de crear axiomas	Resumir la Sabiduría Universal en frases que continúan siendo vigentes con el paso del tiempo.
Integración con el Universo	Ser apto para entrar en contacto con el Infinito, deshaciéndose de la idea de individualidad.

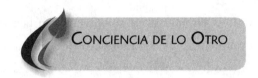

CONCIENCIA DE LO OTRO

Lo primero es tener conciencia no sólo de mí y de los otros sino de lo Otro, de lo que está más allá de toda comprensión. Es un manejo de energía que ya no necesita concentrarse para alcanzar su objeto sino que, aun cuando se disperse por completo y se pierda la sensación de unidad, se puede seguir siendo en uno.

El segundo paso es entender toda la historia de la humanidad, así como la del Universo, y ser capaz de resumirla en una frase, como el cuento sabio de la tradición sufí: un día el rey mandó pedir a sus sabios que buscaran una frase que pudiera ser grabada en la piedra más preciosa que se encontrara en la Tierra, una que jamás perdiera su vigencia ni su sentido, pasara lo que pasara. Después de mucho analizar y revisar encontraron la siguiente: "También esto pasará".

Cuando se es capaz de resumir todo el conocimiento de la historia del Universo en una frase hablamos de un conocimiento astral.

Es un nivel en el cual el entendimiento o la comprensión ya no es consciente, forma parte del mismo ser, porque no hay ya diferencia entre conciencia e inconsciencia. Ese sería el tercer paso: la no división entre conciencia e inconsciencia; todo es consciente aunque se desarticulen los cuerpos, por lo que ya no es necesario el Cordón de plata que es el que une al cuerpo físico con los demás cuerpos sutiles. Se forma parte del Todo teniendo tu propia voz, por lo que el siguiente paso es la renuncia a ti como ser individual. Se cree que antes de venir a la Tierra todos los seres humanos entran por un segundo a este estadio de salud para poder renacer.

La salud astral es una salud que limpia todo lo vivido en vidas pasadas y quien la toca ya no necesita reencarnar. Por lo general hay tres colores que la caracterizan: blanco, azul y rosa que corresponden a tres niveles de salud astral. En el cuerpo astral el blanco sirve para deshacerse de todo lo anterior, el azul para integrarse y el rosa es una forma de no perder la voz individual.

En el nivel de la salud astral es donde habita la mayoría de las esencias y energías angélicas. A partir de aquí todos los niveles de salud son abstractos, y aquí radican casi todas las entidades con las que los seres humanos con capacidades especiales como canales o videntes reciben conocimiento del Universo.

Todos los orígenes, sin importar a qué planeta, estrella o galaxia se remonten, o bien pertenezcan a la propia Tierra, tienen una razón de ser para encontrarse aquí y eso es lo que se entiende en el nivel mental.

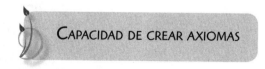

CAPACIDAD DE CREAR AXIOMAS

Al acceder a la salud astral no necesitas entender conceptos, te transformas en ellos.

La comprensión de la totalidad del Universo muy difícilmente cabe en la mente humana, pero así como una gota de agua tiene las mismas características de toda la lluvia, el hombre puede estudiar el Infinito entero si se estudia a sí mismo, puede comprender el Cosmos si se comprende a sí mismo y puede amar a la Creación entera si se ama a sí mismo.

La energía astral implica la desmaterialización por completo del cuerpo físico y el fortalecimiento de uno solo de los siete cuerpos. Las personas tienen un cuerpo por cada nivel de salud porque de esa manera pueden recibir mejor la información del Cosmos. Tener todos los cuerpos alineados implica poseer la salud básica; ser capaz de desarrollar esos cuerpos en armonía y concientizarlos proporciona la salud emocional y conforme ellos se unifican, se acercan a la sublimación. En el nivel astral todavía hay identidad, en el espíritu no la hay; esto significa que en el nivel astral al negarte a ti mismo logras que el ser se convierta en un espíritu que ya no posee ni nombre, ni tiempo, ni espacio.

Integración con el Universo

En el nivel astral es mucho más fácil entrar a la esencia de las cosas y conocer la perspectiva del mundo desde las mismas cosas. Mientras en el nivel mental entras en contacto con el otro y comprendes lo que el otro ve, en el astral eres el otro. Es muy interesante ver que todos los animales tienen siete cuerpos y de repente puedes encontrar el cuerpo de tus mascotas en el nivel astral, lo cual te hará entrar en contacto de una manera distinta con ellas, una manera no racional y no lógica, pero muy clara.

Los sueños astrales son pequeñas muestras de esta energía, aunque el símil es dar una vuelta alrededor al jardín, pero sin entrar en él.

Capítulo 5
Salud espiritual

INTRODUCCIÓN

El ser no se une al todo, se une a la nada.

Hablar de salud espiritual es referirse al concepto de paz. El de la salud espiritual es un nivel en el cual todo se pacifica; la pacificación que se necesita antes de cualquier transmutación.

En este nivel de salud no hay cuerpo, pero tampoco hay conciencia de la individualidad.

El lado extremo de un concepto se vuelve el concepto mismo y esa es una de las cuestiones que es más importante entender cuando se estudia el círculo.

Hay algunos seres que ayudan a que las almas que llegan al nivel de salud astral prosigan su proceso a la salud espiritual.

En este nivel ya no existen como individuos pero aún siguen en proceso, siempre en espiral ascendente y en él ocurre la transformación del ser en concepto.

> ## Pasos a seguir para alcanzar y mantener la salud espiritual

Paso	Descripción
Concepción y conciencia de la nada	La nada como el concepto de la totalidad del ser.
Pérdida de la sensación e idea del ser	Ya no existe el individuo, existe la nada o el todo.
Transformación del ser en concepto	El ser deja de existir como ente individual y, por tanto, se vuelve una idea.

Este nivel de salud es muy poco asible en el lenguaje humano, pero podemos intentar definirlo como el espacio de la paz, de la paz universal a donde no llegan guerras ni ideas contrarias porque todos los puntos contrarios se unen en un solo concepto; de ahí la necesidad de comprender el mal o el bien y su lugar en el Universo.

Hay una conciencia de la nada porque hay una conciencia del Todo y cada estructura del Infinito no sólo es comprendida sino asimilada y forma parte de la existencia misma, de la nada, del ser, del espíritu, del espíritu general que se puede denominar Dios en el concepto más amplio de la palabra: todo es dios y nada es dios. Todo está y nada está, todo es y nada es.

En el momento en el que ya no existe una individualidad, no es posible entrar en contacto con un ser específico en ese nivel de salud, pero sí lo es vincularse con la energía de ese nivel de salud o convertirse en esa energía estando en ese nivel. Es como una atmósfera que rodea a la Tierra o al Universo y los protege, alimenta, ayuda, alivia, sana, pero es invisible e indivisible.

La salud espiritual está enriquecida siempre por seres que crecen para llegar allí. Por consiguiente, es una acumulación de energía de todos aquellos que han sido capaces de vencerse no sólo a sí mismos sino también a todo lo que significa el saber del Universo y han sabido transmutar, manejar y acrecentar su energía sólo en el bien. Así, la salud espiritual protege y cuando el ser humano está solo, o cuando se siente abandonado, esa energía siempre estará ahí para su salvación.

Sin embargo, tal protección no llega en el momento en que tienen que transmutar grupos de seres humanos completos o el individuo decide destruirse. Nada puede cambiar nuestro libre albedrío consciente o inconsciente.

Al final de cuentas, todas las manifestaciones espirituales están y son posibles debido a la energía espiritual del Infinito y esa energía sólo existe gracias a los seres que han transmutado a ese nivel.

La energía espiritual se puede manifestar en todos los niveles, pero es única e indivisible. El color aquí siempre es azul celeste, sobre todo porque la mayoría de los espíritus en su esencia son de este color.

Dejar de ser es un proceso muy largo y complicado que implica la posibilidad de deshacerse de todo lo que se considera más hermoso y más querido, pero se logra porque hay la necesidad de entrar a lo que significa el paraíso de la paz. La negación del ser es llegar a la nada y convertirse en el Todo.

Cuando hemos podido deshacernos de todo esto, hay que llegar al punto en el cual la estructura geométrica del Universo no sólo es entendible, sino que forma parte de la existencia, del ser, del pensamiento, del amor, del entendimiento y se asimila a ella misma deviniendo así un ser sano en lo espiritual, el cual forma parte de la energía espiritual del Infinito. Ésta es la energía que llega a ciertos hombres para curar, a ciertos artistas para crear, a ciertas mentes como las científicas para compartir y que es rechazada a veces por aquellos que le temen a lo que implique dejar de ser ellos.

Cuantos más niveles de salud se haya avanzado, más tiempo se recibirá la energía espiritual. Es importante entender que ningún ecosistema y ningún ser pueden sobrevivir si esta energía se acaba. El día en que esta energía de verdad muera o desaparezca o ningún otro ser pueda entrar a ese nivel, todo acabaría.

El Universo abarca otros universos. Imaginemos la cantidad de seres que han entregado todo su poder a esta energía espiritual; de ahí su tamaño y su poder. Si nos damos cuenta de que el ser humano tiene energía suficiente para derrumbar, construir, crear y matar, el pensar en toda la energía de cientos de seres juntos fomentando el mejor manejo de ella en nombre del bien puede dar una idea de lo que es la salud espiritual.

Ésta es la energía de la naturaleza: montañas, mares, ríos, bosques, etc., pero también la reciben los curadores, sanadores, médicos y canales cuando han superado el ego y trabajan en plena conciencia; en consecuencia, no hay milagro ni transformación en la Tierra que no se haga con la energía espiritual.

Cuando un ser ha llegado aquí y ha logrado formar parte de la energía espiritual, su transformación hacia la salud etérea es casi inmediata y puede ser alternada o simultánea. Es posible coexistir a partir de la salud astral en cualquiera de los siguientes niveles. En efecto, después de que se cumplieron las funciones en la salud astral se puede cohabitar y pasar a los siguientes niveles.

Capítulo 6
Salud etérica

La energía etérica tiene por función transformar todos los
contrarios en un solo sentido o concepto.

La salud etérica es una forma de renovación de la energía espiritual, es la que siempre va a recibir todo lo contrario, las contradicciones, las guerras, los dolores para transformarla en energía sublime o espiritual. Constituye un gran transformador, por eso es sutil. Por supuesto, en este nivel los seres tampoco tienen cuerpo y son uno con el Todo.

En este nivel se puede ser cualquier cosa, transformar todo, estar, pertenecer a todo lo que se quiera, ser un color solamente o un rayo, una estrella o cualquier cosa.

Cuando la guerra emana una energía como la que emanaron las dos grande guerras del siglo pasado, esa energía podría destruir al planeta si se quedara en ella, pero sube a diferentes niveles y es transformada por el nivel de salud etérica, no para que los humanos crezcan sino simplemente para que no mueran.

Por ejemplo, cuando un asesino mata a alguien en una calle, esa energía –si el asesinado lo permite y no lo toma como un rencor para sí mismo– se transmutará en algún momento y regresará a la Tierra más ligera, más suave y menos dolorosa. Los escapes de energía son muy frecuentes en las personas porque no saben manejarla; por tanto, es posible que aunque maniobren un porcentaje de esa energía en esa dirección, lo que resta llegará al nivel de salud etérica y se transformará.

Una cosa es la energía que se libera tan sólo con un desastre, con el movimiento de edificios que se caen o con la violencia de una acción, y otra son los seres que murieron en esa acción o accidente. La situación en sí genera una energía especial, y las almas que transmutan deciden lo que quieren para sus próximas vidas, pero esa energía generada podría formar parte de la energía etérica y algunos de los seres que lo aceptaron podrían transmutar a energía etérica.

La energía etérica es un gran transformador, es lo que mueve en general toda la energía del ser humano, lo cual quiere decir que cuando hay un acto de amor esa energía también llega a la parte etérica y ella lo devuelve a la Tierra.

Una de las formas en que podemos acercarnos a estos niveles es pensar: "Quiero prepararme para que mi energía haga lo que le corresponda en pleno uso del bien en el nivel de salud que me pertenece".

Capítulo 7
Salud sublime

INTRODUCCIÓN

Es un tipo de energía que los hombres no
pueden tocar ni conocer, que está más
allá de todo lo posible, lo tocable y lo creíble.

Imaginemos un lugar en el que sólo existe luz y en el centro de esa luz sólo hay belleza, el concepto de belleza: a donde nos volvamos, todo es bello. Eso es la energía sublime.

Es un lugar en el que ya no existe contradicción ni concepto opuesto ni nada que no sea luz, bienestar, belleza, pureza, amor, entrega, felicidad, plenitud, éxtasis o cualquier concepto de bien. Somos y estamos donde queremos, como queremos, con quien queremos. Es el lugar ideal.

Para llegar aquí se requiere de un trabajo de conciencia de muchos seres y almas durante varios siglos. Si en la energía espiritual hay cientos de seres, en estos niveles sólo hay decenas de ellos, formados realmente por la energía de muchos que llegaron a ascender. Se es nada porque se es todo. Aquí no hay necesidad de deseo alguno.

Los niveles de salud son, al final de cuentas, procesos que lo único que llevan en sí mismos es la posibilidad de una mejor existencia. Si sabes vivir en la Tierra, sabrás morir y sabrás estar en otros estados.

Quien sabe vivir sabe morir.

El amor es la esencia más importante en el Universo y los hombres necesitan aprender a conocer todas sus manifestaciones.

La energía del Cosmos es la base de las ciencias estudiadas en la Tierra y en toda su historia la humanidad no ha acabado de entenderla por completo.

Nada se recibe si no se está abierto para ello y hay que comprender que las misiones de los hombres están conectadas unas con otras y forman la base del entendimiento.

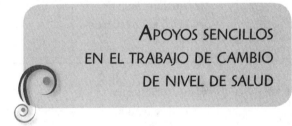

APOYOS SENCILLOS EN EL TRABAJO DE CAMBIO DE NIVEL DE SALUD

Como parte de la purificación necesaria para el inicio del proceso de conciencia y con el objetivo de entablar contacto más fácilmente con nuestra esencia, aconsejamos seguir durante al menos una semana la dieta idónea según nuestro elemento, para de esta manea provocar un cambio y una limpieza en nuestra energía.

DIETAS PURIFICADORAS SEGÚN EL ELEMENTO AL QUE PERTENECEMOS

Elemento	Alimentación recomendada	Época del año
Tierra	Los placeres terrenales purifican a los seres de Tierra: la comida gourmet, elaborada y sofisticada. Meditacion cerca de árboles o zonas rocosas	De preferencia en los meses que corresponden a Capricornio, Tauro o Virgo
Agua	Alimentación con verduras y frutas. Baños perfumados, aguas termales, baños placenteros. Con agua fria sirven para desintoxicar y con agua caliente, para relajar. Escuchar sonidos de ballenas y delfines. Contacto con el mar	De preferencia en los meses que corresponden a Piscis, Cáncer y Escorpión

Fuego	Purificación corporal completa. Incluye baños de agua fría diarios, eliminación de comida de origen animal en las dietas, meditación y cualquier tipo de ejercicio espiritual-físico	De preferencia en los meses que corresponden a Aries, Leo y Sagitario
Aire	Abrir todas las puertas y ventanas del lugar en el que se vive, poner inciensos o flores olorosas, sublimes. Escuchar música de las esferas astrales o la música clásica de Mozart o Bach	De preferencia en los meses que corresponden a Acuario, Géminis y Libra

TRABAJO DE AUTOACEPTACIÓN

Toda actividad que aliente la expresión y desarrollo de las emociones nos ayuda a aceptarnos tal y como somos, además de ser una herramienta de conocimiento de los seres humanos.

Entre estas actividades se recomiendan todas las artes: teatro, danza, artes plásticas, música, cinematografía, literatura, etcétera.

Asimismo, es muy conveniente que hagas ejercicio y después te permitas percibir qué hay en tu entorno: ruidos, sonidos, música, así como quién eres tú en ese entorno.

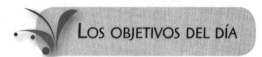

LOS OBJETIVOS DEL DÍA

Para apoyarte en tu trabajo personal, decide fijarte cuatro objetivos al día y cumplirlos. Si lo deseas, puedes relacionar cada uno de ellos con las cuatro direcciones: norte, sur, este, oeste. Esta disciplina te ubica y te señala el camino a seguir, ni por encima ni por debajo de los demás.

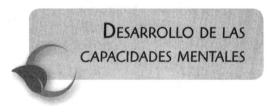

DESARROLLO DE LAS CAPACIDADES MENTALES

Juegos como el ajedrez, el *scrabble* o la conversación inteligente ayudan al desarrollo de las capacidades mentales.

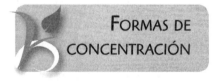

FORMAS DE CONCENTRACIÓN

Trabajar sobre formas importantes de concentración tiene que ver con los fundamentos de los niveles energéticos del cuerpo de una persona, esencialmente en el trabajo humano. La energía se vincula con lo que comemos, con el lugar en el que vivimos, con lo que miramos, con el color con que nos vestimos, con nuestra relación con el entorno y con quienes nos rodean, ya sean seres como nosotros, o bien animales o plantas. Gran parte de la salud es y será siempre también una cuestión de entorno, porque éste afecta directamente la carga energética. Las formas de concentración de una persona pueden ser desde su aplicación para el estudio, hasta las que necesitan niveles muy importantes de desarrollo, para las cuales se aplican las técnicas orientales de manejo energético. La concentración es una forma de mantener a la mente en un solo lugar, por ejemplo, para la lectura de un libro, la escritura, la pintura, o simplemente atender las imágenes electrónicas en una pantalla. En este caso, la forma de concentración puede variar y, por supuesto, su provecho también y con ello acrecentar o disminuir la energía de los cuerpos de los humanos.

Cualquier forma de concentración puede ayudarnos, siempre y cuando exista la decisión de apertura para lograr un objetivo; en este caso, el cambio de conciencia y de nivel de salud.

> Comprender a los otros nos ayuda a entendernos.
> Comprender involucra todos los sentidos
> del ser humano y toda la energía del alma.
> Comprender es descifrar...

Parte 3

Siete caras de la nutrición del ser humano

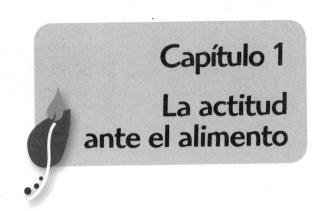

Capítulo 1

La actitud
ante el alimento

INTRODUCCIÓN

Lo relevante de un alimento en específico no tiene que ver con lo ingerido, sino cómo logra nutrirnos. La actitud al comer es mucho más importante que el alimento mismo; de esta manera, el más sencillo, el más simple de los alimentos se transforma en energía pura y en conocimiento.

Veamos los tres puntos básicos de la nutrición. Hay que prestar atención:

- En primer lugar, a lo que se come.
- En segundo lugar, a cómo se come.
- En tercer lugar, pero de mayor significancia, a la actitud ante lo que se come.

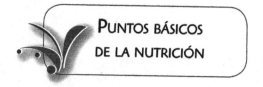

PUNTOS BÁSICOS DE LA NUTRICIÓN

Lo que se come | Un alimento puede ensuciar o limpiar la energía de un cuerpo dependiendo de su grado de pureza, forma de cocción o procedencia.

Cómo se come	La manera o circunstancia en que ingerimos ese alimento (por ejemplo, no es lo mismo comer junto a una persona querida, que frente a la televisión viendo noticias de desastres), define la manera en que lo asimilamos.
Actitud ante lo que se come	El elemento más importante es la actitud interna y externa que adoptamos frente a lo que comemos. Según nuestra decisión, un alimento puede convertirse en veneno o un veneno en alimento. En el momento en el que determinamos que un alimento no nos gusta, nos engorda, nos envenena o nos despierta sentimientos como culpa o cualquier otra emoción negativa, de inmediato se convierte en un veneno real para nuestro cuerpo. En cambio, cuando decidimos que algo nos alimenta y no puede hacernos daño alguno, la naturaleza de ese alimento pasa a segundo término.

No hay una sola forma de alimentarse. Existen muchas y muy variadas; puede ser sencillamente con comida, pero también con la ingestión de agua, de conocimiento, de experiencias, de sensaciones. La realidad es que la alimentación pura no existe.

De lo que sí podemos hablar es de la alimentación eficiente. Cuanto más sano comamos, más sanos viviremos. No obstante, lo que comemos no siempre tiene que ser sano. Pensemos, por ejemplo, en qué es lo que hacen los árboles que se alimentan de veneno para convertirlo en aire puro. Lo mismo podríamos hacer nosotros, si quisiéramos, dependiendo de cuál sea nuestra actitud al alimentarnos. El placer es vital para que el alimento se convierta en lo mejor de nosotros mismos. Si lo deseas, puedes alimentarte de silencio, pero no hay mejor aderezo también para una buena comida que la conversación; ambas cosas alimentan, siempre y cuando adoptemos la actitud correcta.

Los elementos nos nutren, lo mismo que el sol, el mar o los árboles. Hace varios siglos solía enviarse a los enfermos al mar, al bosque, a las montañas o a los ríos para que recuperaran la salud. Esta costumbre se basaba en un conocimiento profundo y ancestral que ha quedado en el olvido. En la actualidad se ha querido encapsular la salud y la salud implica estar en contacto con los elementos, los paisajes, la naturaleza, o simplemente con cuestiones no consideradas como alimento, pero que sirven como tal.

Podríamos decir que para algunas personas el fumar un cigarrillo es sumamente placentero y puede llegar a nutrirse de esa emoción. Cualquier placer puede convertirse en alimento, si no está permeado por la culpa.

Hay formas de alimentarse que nutren más que la propia comida, me refiero a escuchar buena música, a vivir en lugares energéticos (templos antiguos, lugares de poder, ríos, cascadas o el mar) o visitarlos, estar en contacto con la naturaleza, caminar en el bosque y tomar baños de sol.

Cuando tú cambias tu actitud frente a lo que comes puedes dejar de enfermarte porque ya no importarán todas las demás creencias, costumbres o hábitos adquiridos. De lo contrario, puedes decidir, por ejemplo, desechar las proteínas en vez de que te alimenten o, en lugar de que las vitaminas corran por tu cuerpo, eliminarlas y dejar de sentir su presencia en ti. O bien, lo más común: decidir que las grasas se estanquen porque estás acumulando un sinfín de emociones o maneras de defenderte de ti mismo y de los demás; cada vez que te lleves un bocado a la boca y pienses que puede hacerte engordar lo que haces es darle una orden a tu cuerpo para que acumule emociones encontradas, enojo y hasta ira. No importa cuánto ejercicio practiques, ni si dejas de comer, mientras no cambies tu actitud ante el hecho de alimentarte, nada se resolverá.

Comer porque se tiene hambre no es lo usual entre las personas, lo común es adoptar patrones de comportamiento social ya sea porque es hora de comer o porque se debe comer. Cuando la gente ingiere comida por obligación, por lo general deja de alimentarse.

Capítulo 2

Química del cuerpo y alimentación

Introducción

La química del cuerpo del ser humano responde también a su posición ante el mundo.

Todos los elementos puros alimentan. En efecto, no es lo mismo consumir alimentos cocinados en un horno de microondas o en llamas de gas, que en el fuego de una fogata; tienen energías distintas. Pero también hay que entender que la química de cada cuerpo humano, de manera correspondiente a la visión del mundo por parte del individuo en cuestión, aceptará o rechazará alimentos como benéficos o no.

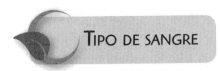

Tipo de sangre

Es recomendable que las personas que tengan sangre tipo "A" eviten que su alimentación incluya la carne, ya que les es más difícil digerirla que para los demás tipos sanguíneos. Esto tiene que ver con experiencias en vidas pasadas que se reflejan en esa química corporal específica.

Las personas con sangre de los demás tipos no tienen que seguir una regla específica de nutrición; en general, todos podemos alimentarnos de lo que deseemos, pero cada uno encontrará lo mejor para sí mismo si escucha las necesidades de su cuerpo físico y no únicamente las que él o ella cree que necesita siguiendo patrones de comportamiento social.

Capítulo 3

Alimentación en el proceso de sanación

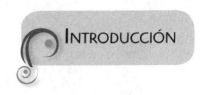

INTRODUCCIÓN

La base del elemento al que perteneces es importante porque ayuda a que tu terapia se focalice más al problema que enfrentas.

Los seres humanos tienen predilecciones y, de acuerdo con su signo zodiacal, cierto tipo de alimentación ayudaría a su mejor desarrollo; sin embargo, las personas que pertenecen a Libra y Tauro por lo general no permitirán recibir sugerencias acerca de ciertos cambios de dietas.

El ser humano es complejo. Está formado por todo su pasado y su presente, por su origen estelar, su experiencia de vida y su actitud ante ella, por sus ideas, deseos y emociones, pero sobre todo por las decisiones que ha tomado o dejado de tomar a lo largo de su existencia.

Por tanto, cada tipo de alimentación es un mundo que corresponde a la complejidad de cada persona.

Y aunque se puede hablar de generalidades, cada individuo debe encontrar la habilidad para elegir en su vida entre lo que le nutre o lo que le envenena.

GENERALIDADES

- Quien está enfermo del corazón, es decir, que está falto de alegría, lo que necesita comer son muchas frutas rojas, sobre todo ciruelas, uvas y fresas, además de flores y vino. La zarzamora en licor es muy recomendable para devolverle la energía perdida al cuerpo.

- Cuando alguien ha perdido las ganas de vivir puede recuperarlas si toma una copa de vino diaria o come por lo menos cinco frutos rojos al día, pero también si viste con colores cálidos y visita el mar. Con una rutina formada por estos sencillos pasos en un mes se logra la recuperación casi completa de una depresión o de la falta de vitalidad y alegría. De no ser así, hay que buscar la causa porque debe ser más profunda de lo que la persona misma ve y cree. Y puede incluso provenir de vidas pasadas o de un auténtico deseo de autodestrucción.

- Una receta de la antigua Grecia sirve para acrecentar y cuidar la energía; se prepara con hojas de parra, peras y sidra. En una cajita de madera pon una capa de hojas de parra, y una capa de pera rebanada, previamente picada con un tenedor, para facilitar la salida de los jugos. Sigue poniendo capas alternadas hasta llenar la cajita, posteriormente, baña todo con sidra, tapa y déjala al sol por 24 horas. Después come las parras y las peras que renovarán profundamente tu energía gracias a la fuerza y pureza del sol.

- Para recuperar a plenitud la alegría lo recomendable es lo picante, las frutas y todo lo relacionado con las flores, por ejemplo, el agua de jamaica es un diurético natural y lo que tú liberas te brinda la posibilidad de deshacerte de problemas y emociones concentradas. Lo mismo ocurre con el café.

- Para terminar, si crees que no podrás recordar estas recetas, te invito a tomar agua de alfalfa, un alimento sabio que, tomado en ayunas, acrecenta la memoria.

LA ORACIÓN ANTES DE COMER

Cuando concentras tu energía (que finalmente eso es una oración) antes de comer, puedes decidir a dónde quieres enviar los nutrientes que recibes. Digamos que el verdadero origen de la oración antes de cada comida no es agradecer lo que sabes que es tu derecho, sino decidir enviar cada nutriente a donde debe llegar y a donde quieres que llegue.

Una posible oración para los alimentos es la siguiente: "Que este alimento llegue a los últimos confines de sus posibilidades y no quede sólo en un cuerpo, sino que, como el sol, expanda su energía".

Sin embargo, es evidente que cada persona puede decidir lo que más le convenga incluir en su oración para encauzar su energía y lograr una alimentación personal y única.

Capítulo 4

Horarios
de alimentación

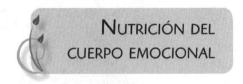

NUTRICIÓN DEL CUERPO EMOCIONAL

El trabajo con el cuerpo emocional debe realizarse al inicio del día; por eso la mayoría de las religiones tiene sus primeras oraciones al salir el sol. Ese es el mejor momento para ingerir vitaminas.

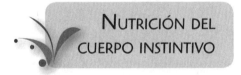

NUTRICIÓN DEL CUERPO MENTAL

Al mediodía, en el esplendor del día, se deben comer proteínas porque así se expanden mejor con la fuerza del sol.

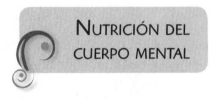

NUTRICIÓN DEL CUERPO INSTINTIVO

Hacia la noche, cuando el sol se oculte, se deben ingerir cereales para que los instintos se alimenten y el cuerpo físico no pierda estabilidad.

Capítulo 5
Parámetros de alimentación

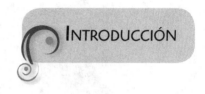

La alimentación humana asume formas especiales, más especiales de las que las personas mismas han podido encontrar.

Saben que existen las proteínas, pero no saben que su verdadera razón de existir es que la mente del ser humano crezca.

Saben que existen las vitaminas, pero desconocen que ese es el alimento real del corazón.

Saben que existen los cereales, pero no saben que ellos alimentan los instintos de las personas.

Saben que el sol, el mar y la vegetación ayudan al crecimiento del hombre, pero no saben que son un alimento del espíritu.

Los alimentos también se relacionan con los elementos. Aire está más cerca del vino, del queso o de platillos elaborados con varios alimentos correspondientes a otros elementos. Para Fuego por lo general el mejor alimento es todo lo que dé energía y tenga sabores fuertes o picantes. Para Agua el mejor alimento es todo aquello que limpie o purifique. Para Tierra la preferencia está en los cereales.

Es posible que, según el elemento en que naciste, te guste comer de cierta manera, pero recuerda que tú te comportarás de acuerdo con tu elemento mientras estés en contacto contigo y con tus deseos. Si encuentras seres que no se comportan como debían hacerlo según su signo, esto se debe a que están muy lejos de su esencia, a que han sido educados por otro signo que les enseñó a no ser lo que ellos son, y a que de alguna manera han olvidado o negado su esencia. Entonces este principio sería válido siempre y cuando hubiera un acercamiento mínimo a la esencia de la persona.

PROTEÍNAS

Todas las proteínas son esenciales para la mente y en especial son alimento para el cuerpo mental. Esto es, no alimentan específicamente la mente del cuerpo físico, sino el cuerpo mental de cada individuo.

Una de las partes más importantes de la alimentación es la decisión del ser humano. Cuando éste decide qué parte quiere alimentar, esa es la que alimenta. Entonces, si dirige todas sus proteínas exclusivamente a un nivel físico no se alimentará lo suficiente al cuerpo mental.

La proteína más sutil no es la animal, sino la vegetal y es la que el cuerpo mental asimila más fácilmente. Esto no quiere decir que si tú te alimentas de proteínas cambiarás de estado de salud, sólo te fortalecerás direccionándolas adecuadamente a tu cuerpo mental y eso por lo general ayuda a tu salud física, a tu salud en el plano o el estadio en que te encuentras, pero no te ayuda específicamente a cambiar de estado.

La mente es la energía desde su faceta de sabiduría. La mejor proteína para todos es la vegetal, pero quienes tienen tipo de sangre "A" deberían esencialmente consumir proteína vegetal porque debido a su carga kármica les es menos propicio la proteína animal. La proteína animal puede llegar a actuar como un veneno, pero recuerda que eso depende también de la actitud que se tenga frente al alimento.

La combinación de alimentos tampoco es nociva para la nutrición real siempre y cuando se tenga una actitud positiva ante lo que se ingiere.

VITAMINAS

Las vitaminas son células de alegría contenidas en frutas y flores. Quien no come frutas tiene un problema con esta emoción, esencial para la salud del ser humano.

Las vitaminas sirven para hacer que la gente reciba cariño, cariño de la tierra, amor del Universo, alegría de vivir; conforme las personas comen frutas, sobre todo si son rojas, su estado de ánimo cambiará, incluso aunque no lo quieran o no sean conscientes de ello.

Sin embargo, la mejor asimilación de las vitaminas no es la que se tiene en el cuerpo físico, sino la que llega a alimentar al cuerpo emocional; por ello tiene que haber lo mismo que con las proteínas: una dirección consciente.

Tus acciones también alimentan esos cuerpos, por eso no mueren. Si se alimentaran sólo con conciencia, la mayoría de los humanos ya no tendrían siete cuerpos. Por fortuna las acciones también alimentan esos cuerpos y cuando tus acciones se dirigen a la toma de conciencia, los nutres y desarrollas.

Si quieres desarrollar el cuerpo espiritual, todas las veces que comas frutas y verduras, debes dirigir las vitaminas de manera consciente hacia tu cuerpo emocional.

CEREALES

Los cereales son hijos de la tierra. Por tanto, junto con algunos otros como tubérculos y vainas, son alimentos que nutren más al cuerpo físico que a los demás cuerpos.

Ayudan a la estabilidad del cuerpo en un plano físico, en su quehacer, y eso es muy importante porque ayudan a la vida cotidiana del hombre.

Cuando los seres humanos tienen muchos problemas en su vida cotidiana, los ayudan a digerirla y a desechar lo que no están utilizando de ella.

De ahí que consuman tanto pan. El problema es que ese pan ya no es cereal si es blanco como muchas de las personas lo comen. Si es integral, todavía es cereal.

Capítulo 6

Alimentos que nutren al ser y que no implican el proceso físico de la digestión

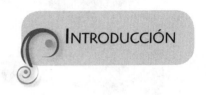

Existen formas de alimentación que no implican el proceso de la digestión, por ejemplo, la luz del sol, los sonidos armónicos y los elementos de la naturaleza.

Veamos cuáles son los nutrientes adecuados para nuestros distintos cuerpos.

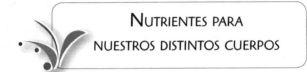

NUTRIENTES PARA
NUESTROS DISTINTOS CUERPOS

Nutriente	Definición	Cuerpo al que nutre
Proteínas	Existen en el Universo para alimentar la mente.	Mental
Vitaminas	Al estar ligadas a la alegría de vivir, alimentan al corazón.	Emocional

Cereales	Al ser frutos de la tierra, alimentan los instintos del ser humano.	Físico
Lípidos	Alimentan sobre todo la parte terrena de las personas. Esto hace que su estancia en la TIerra sea más cómoda o placentera.	Físico
Nutrientes no alimentarios	El sol, el mar y la vegetación son alimentos espirituales, alimentos tan importantes como los nutrientes anteriores.	Cuerpos sutiles: etérico, sublime y espiritual

El sol, el mar y la vegetación son alimentos espirituales y al estar en contacto directo con ellos de manera permanente, diriges su energía hacia tu cuerpo espiritual y éste se fortalece, crece y se alimenta.

El sol –excepto en casos como el sol del desierto–, energiza, es creador del poder, del ser humano. El baño de sol transforma la química corporal, así como la relación con tu piel. Un baño de sol sólo será peligroso si lo tomas sin estar consciente de lo que haces o sin considerar las horas que permaneces expuesto. Cuando lo realizas con el cuidado y la atención necesarios, fijará todas las vitaminas en tu cuerpo y hará que la química corporal sea más sana.

Recuerda que el mar renueva; la gente que escoge las zonas costeras para vivir lo hace porque se está renovando.

La vegetación implica estar en contacto con lo verde, que es la creatividad, y esa es parte de la misión. La vegetación provoca que las personas tengan una energía distinta y, aunque no se trata de la renovación del mar, también ocasiona cambios energéticos sumamente positivos para la vida cotidiana de los seres. Por eso es importante tener plantas en casa, así como intentar salir de la ciudad y rodearse de naturaleza.

Otro factor importante es la risa, la cual maneja el diafragma. Por su ubicación en el cuerpo, el diafragma está relacionado con las emociones que tienen que ver con el corazón y con el estómago. Riñones, hígado y estómago son órganos que hacen la diferencia entre lo que me envenena y lo que me alimenta. Si el diafragma está en movimiento permite que esos órganos liberen, ya sea lo que alimenta o lo que envenena. Al sentirse obligado a comer guisados de su madre, el niño sentado ante una mesa tiene por fuerza que terminar un plato que no quiere; por consiguiente, no come un alimento sino veneno puro hecho por su madre, el cual se almacena en el estómago. La forma de liberarlo es riendo. Si te ríes de comer veneno, el veneno no te afectará.

Y claro, después se presentan las consecuencias: si de niño te acostumbraste a comer algo que para ti puede ser nocivo o intoxicarte como si fuera un veneno, llegará un momento en que será esencial y no podrás dejar de comerlo. Sin embargo, si eres consciente de los daños que te puede ocasionar, lo abandonarás por completo. Los trastornos alimenticios empiezan porque quien está encargado de nutrir a un pequeño, posiblemente sin darse cuenta o por obligarlo a cumplir lo que en su familia le han enseñado, por un lado llega a trastornar la química de su digestión y por otro le enseña lo que es la manipulación a través de la alimentación. Es sumamente importante entender que no se le debe forzar a comer lo que no le gusta.

La anorexia y la bulimia son formas de manipulación, victimización y adicción. Representan la necesidad de sentirse protegido y de no ser responsable de su propio cuerpo.

Por otro lado, el estado de ánimo en el que comes también puede transformarse en veneno; ello puede tener como consecuencia que el mismo alimento te traiga el recuerdo de ese estado de ánimo y siga siendo un veneno. Lo que hay que superar es el estado mental de ese momento.

Por ejemplo, si te intoxicaste con pescado el día que perdiste a un ser querido o tuviste una emoción tan grave que fuiste incapaz de enfrentarla, cuando comas pescado otra vez tendrás de nueva cuenta el problema frente a ti. De esa manera puedes encontrar las verdaderas causas conscientes e inconscientes de la intoxicación.

Capítulo 7

Dietas por elemento

TIERRA

Alimentos ideales	Época del año	Duración
Tubérculos Cereales Alimentos cocinados bajo tierra Comida gourmet en general	Inicio de la primavera y canícula de verano	Dos o tres días

Recomendación especial: es bueno comer siempre que tengas hambre. Si no tienes hambre, aunque sea la hora de comer o cuando las emociones están muy alteradas, es negativo hacerlo.

AGUA

Alimentos ideales	Época del año	Duración
Tés e infusiones Sopas de verduras Jugos de frutas Agua Frutas Lechuga Vegetales muy jugosos	Inicio del año e inicio del otoño, de preferencia enero y finales de agosto	15 días al inicio del año y 15 días al inicio del otoño, de preferencia enero y finales de agosto, respectivamente

Recomendación especial: desintoxicarse es una prioridad para los seres de agua. El baño de vapor o las vaporizaciones de cualquier tipo son un elemento sumamente agradable y positivo para la purificación de los seres de agua.

FUEGO

Alimentos ideales	Época del año	Duración
Chiles Frutas y vegetales rojos Todos los sabores fuertes Comida exótica Carnes y vegetales cocinados a las brasas	Desde finales de diciembre hasta principios de marzo	De preferencia todo el periodo

Recomendación especial: los seres de Fuego necesitan entender que no hay actividad cotidiana que no sea sagrada. El alimentarse con ciertos nutrientes no es un capricho sino que lleva directamente al crecimiento del ser.

AIRE

Alimentos ideales	Época del año	Duración
Pan Queso Vino Combinaciones de alimentos correspondientes a otros elementos Todas las frutas Alimentos eleborados	Mayo y septiembre	Dos o tres días

Recomendación: todo lo que haya sido mecido por el viento es alimento de Aire, todo lo que se elabora a partir de movimiento es alimento de Aire.

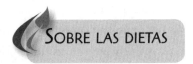

SOBRE LAS DIETAS

La aplicación de las dietas depende de cada signo y también de cada persona. Por ejemplo, para los seres regidos por Venus (el placer) que son Tauro o Libra, una dieta de un solo alimento o un ayuno completo iría contra su naturaleza, por lo que sería contraproducente obligarlos a ello; podrían depurar su cuerpo, pero no su estado de ánimo. Entonces, para una persona perteneciente a esos signos es más importante hacer un proceso emocional y mental que uno depurativo físico.

Las dietas deben ser parciales y por tiempos determinados. Se puede realizar una depuración en 24 horas, o en tres mañanas, teniendo presente que la naturaleza es la que determina el tiempo para alimentarse.

Si un ayuno es un sufrimiento o se considera una congoja, resulta inútil.

Los seres que aceptan con más agrado un ayuno suelen pertenecer a Capricornio o a Cáncer. Si el objetivo es de mayor duración, los nacidos bajo los signos de Escorpión y Piscis se involucran en ello.

Para los hijos de Fuego (Aries, Leo y Sagitario) los ayunos son conflictivos, por lo que no los aceptarán por principio y pelearán con la idea aunque lo necesiten; pero eso no significa que no les haga falta.

Quienes pertenecen a Virgo y Géminis a veces pueden realizar un ayuno, pero su afán perfeccionista e inquisidor los conduce a evitar iniciarlo por temor a que el proceso no sea perfecto; cuestionan de antemano los resultados. Para el caso de los Acuario, no verán la necesidad y la utilidad de resolver su vida a través de la alimentación.

El tiempo máximo para una monodieta, es decir, comer una sola fruta, depende de la actitud mental que se tenga frente a ella. Si causa demasiado escozor o demasiado problema emocional, será preferible no hacerla.

La mejor manera de empezar una forma nueva de alimentarse es preguntarse "¿Qué te molesta de tu vida?" y partir de la respuesta. También es necesario consentirse y reflexionar sobre qué se piensa antes y durante la comida.

El mejor pensamiento antes de comer es el que implica el gusto por hacerlo, el placer de alimentarse y pasarla bien mientras se hace.

Con estos sencillos pasos finalizamos este viaje de conocimiento y abrimos la posibilidad de adquirir la sabiduría que necesitamos para entender cómo funcionamos en la cotidianidad, vivir en armonía, cumplir nuestros deseos cuidando y poniendo a funcionar nuestros cuerpos finalmente para *hacer mágica nuestra vida.*

Saber quiénes somos,
entender quiénes somos,
no siempre es fácil...
Pero si no lo enfrentamos
nunca lograremos ser mejores.